世界精英正念课

谷歌、脸书、高盛、麦肯锡这样培养未来人才

［日］荻野淳也 ［日］木藏シャフェ君子

［日］吉田典生 著

张婷婷 译

九州出版社

JIUZHOUPRESS

图书在版编目（CIP）数据

世界精英正念课：谷歌、脸书、高盛、麦肯锡这样培养未来人才 ／（日）荻野淳也等著；张婷婷译． -- 北京：九州出版社，2018.12（2021.4 重印）

ISBN 978-7-5108-7773-5

Ⅰ．①世… Ⅱ．①荻… ②张… Ⅲ．①企业管理－人才培养－研究－世界 Ⅳ．① F279.129

中国版本图书馆 CIP 数据核字（2019）第 001678 号

著作权合同登记号　图字：01-2019-6308

SEKAI NO TOP ERITE GA JISSEN SURU SHUCHURYOKU NO KITAEKATA
by OGINO Junya, BOKURA SHAFE Kimiko, YOSHIDA Tensei
Supervised by Mindful Leadership Institute
Copyright © 2015 OGINO Junya, BOKURA SHAFE Kimiko, YOSHIDA Tensei &
Mindful Leadership Institute
All rights reserved.
Originally published in Japan by NIHON NORITSU KYOKAI MANAGEMENT CENTER,
Tokyo.
Chinese(in complex character only)translation rights arranged with JMA MANAGEMENT
CENTER INC., Japan
through THE SAKAI AGENCY and BARDON-CHINESE MEDIA AGENCY
本作品中文简体字版权由北京博采雅集文化传媒有限公司所有

世界精英正念课：谷歌、脸书、高盛、麦肯锡这样培养未来人才

作　　者	［日］荻野淳也，木藏シャフェ君子，吉田典生 著　张婷婷 译
出版发行	九州出版社
地　　址	北京市西城区阜外大街甲 35 号（100037）
发行电话	（010）68992190/3/5/6
网　　址	www.jiuzhoupress.com
电子信箱	jiuzhou@jiuzhoupress.com
印　　刷	三河市嵩川印刷有限公司
开　　本	880 毫米×1230 毫米　32 开
印　　张	6.5
字　　数	115 千字
版　　次	2019 年 12 月第 1 版
印　　次	2021 年 4 月第 2 次印刷
书　　号	ISBN 978-7-5108-7773-5
定　　价	45.00 元

前　言

怎样才能做我想做的工作

社会上充斥着大量信息，使我们被这些信息牵着鼻子走，以致在应专注重要事物时注意力不集中——诺贝尔经济学奖得主赫伯特·赛门（Herbert Alexander Simon）在 1971 年就对这样的未来感到担忧。时隔四十五年的现在，我们该如何理解这句话的意义呢？

报纸、电视、杂志等自不必说，随时更新的网络新闻、智能型手机收到的即时通信等各种信息、社群网站……我们被源源不断的信息牵着走，以致无法专注于"本来应该要做的事情"，导致工作不顺利，要做的事情越来越多，却又更加无法集中精神。

另一方面，尽管与我们生活在同一时代，却能不受信息爆炸的干扰，持续展现优秀成果的人，就是被称为精英的人，也确实存在。理论上，越是被称为顶尖精英，越容易有更多因素阻碍他们的专注力。

但即便如此，他们仍能在当下充分贯注注意力，处理重要的事，显示出他们与一般人的不同之处。在数字科技时代，是什么使他们能这样与众不同？

在专注力的课题上，我们有机会研究了时代先驱的全球化企业，就是堪称牵引现代信息量的数字时代巨星——谷歌（Google）。

该公司的愿景是"整合全球信息，使人人皆可访问并从中受益"。自成立以来，谷歌推出各种革新服务。在美国举办的"2015年最想进入的企业排行榜"中，谷歌登上冠军宝座，成绩辉煌。由此可知，它是世界屈指可数的优秀企业。

提到谷歌的员工，大家是否觉得，一定得是学业成绩优秀、脑筋灵活得吓人、能迅速处理各种信息、快速消化工作、持续实现优秀成果……这样的超级能干人才？或是极具个人主义、有明确的自我主张、在背负高度压力的情况下仍能面对激烈竞争的强悍人士？还是能接连提出崭新的创意、陆续收购高成长企业、准确看出能盈利的事业，除此之外皆毫不留情地割舍，严格又有魄力的人？谷歌的员工确实给人以上印象。

然而，实际参访过后，我们却有了其他的感想。那就是，现在究竟有多少人可以拥有如此幸福的工作职场？

正念是什么？为什么哈佛、脸书、麦肯锡都重视？

我们并不打算只说好话。人人都憧憬的谷歌公司，内部竞争之激烈程度，当然不是普通的高。因为精神压力太大，人们一下子白了头发之类的情况，在现实中也是有的。

在这种充满压力的环境中，即便优秀如谷歌员工的，也会有心思无法放在工作上的时候吧？在以往的做法、框架都已经不适用的现代社会，因激烈竞争而感到坐立不安的人，想必也不少。

然而，许多工作者遇到的困境，例如不能专注、不能将自己能力发挥到最大限度，或是努力过头不行，但不努力也无法前进等，谷歌也有。

不过，对谷歌来说，与其他企业最大的不同便在于，他们在组织发展的同时，兼顾每个员工的幸福感（Well-being，即在身体上、精神上、社会上的健全状态），绝不妥协。本书介绍的"正念"，也是从这个脉络开始。

正念，是指将注意力完全集中于目前、当下的状态。

最新脑神经科学发现，特定的注意（集中于某个对象）与不受拘束的开放性注意（专注于正在发生的事情，每一次的放手但不执着），都是基于深度的自我认识。根据研究显示，自我认识本来就对幸福感，也对领导力与革新有贡献。

而 2007 年开始的"搜寻内在自我"（Search Inside Yourself，以下简称 SIY，谷歌开发的正念实践课程），是目前该公司最受欢迎的研修课程，有好几百名想上课的人，正排在等待名单中。

虽然苹果电脑创办人史蒂夫·乔布斯（Steve Jobs）以禅的实践者闻名，但"正念冥想"是由谷歌在企业界大幅扩展开的。

而同样是从美国起步的世界级企业英特尔（Intel），也决定对他们在全世界的 10 万名员工，以 9 星期的冥想基本训练为基础，推行正念课程。此外，脸书（Facebook）、领英（LinkedIn）、宝洁（P&G）、福特、麦肯锡、高盛等世界顶尖企业，都在员工教育上采用了正念课程。

这样的行动不仅存在于企业中。哈佛、斯坦福、加州大学伯克利分校等世界杰出的商学院，也体认到以领导能力、创新等为主的心灵训练，是未来企业领导人必备的基础，因而引进了正念课程。

这些世界顶尖企业、学府，为什么会对这个课程如此关注，我们将通过第一章、第二章来详述其理由。只因为正念本身的存在，便足以使我们获得某种在现代严峻且不稳定的商业环境中持续得到卓越成果所必须拥有的东西。

这一点，除了包括谷歌在内的世界顶尖企业所累积的个案研究可证明外，也已从脑科学的观点得到实证。

只要十分钟就能让你"层次"不同

更重要的是，正念的状态是只要经过训练，任何人都可以做到的事。

最基本的就是感受呼吸，持续去理解"当下、此刻"，每个瞬间的冥想。

安全、确实地逐步开发自我，其实非常简单，不用想得太难。感受呼吸的冥想，一天五分钟也好、十分钟也行，只要你能去尝试。

当然，冥想很深奥，所以没必要从一开始就追求完美。你可能会遇到各种障碍，而最严重的阻碍，便是"持续力"。这跟训练肌肉一样，正念冥想不可欠缺的，也是实践与持续。

因此在本书中，为了帮助各位持续训练，在利用理论佐证的同时，我们也将介绍实践的秘诀。

虽然说，"了解"与"做到"有很大的差别，但了解之后，才有可能做得到。你也能想象自己经由训练强化了什么，并以此产生变化，提高效果。

我们无力阻止环境中的不确定性因素，或改变变化得令人眼花缭乱的现代世界。但在变革的时代，我们能通过正念冥想，控制自己满溢的情感，做出最适当的判断与行动。

改变习惯就能改变自己；改变自己便能改变组织；组织变了，社会也会跟着变。如果大家能通过本书，跨出正念的第一步，我们将感到无上的喜悦。

目 录

如果就这么放任不管，大脑便会一直维持在原始时代。但是，现在放弃还太早，因为大脑其实可以通过训练达到进化，而这个训练便是正念。通过正念，我们可以更新大脑。

即使只是一瞬间，也能意识到正念带来的动机。如果将意识集中，尽力品味那一次的呼吸，那么，仅仅一次的呼吸也有意义。

我们常听人说"创造新习惯"这种话，但即便是以前没做过的事，也不容易变成每天的习惯。正念训练是利用你既有的生活习惯，所以，比从零开始的新事物更简单。

多工不会使人能干，
正念帮你抓对方向

有的员工在电脑前工作，有些则在宽敞的房间里开会。在这种日常随处可见的工作场景中，一旦到了某个时间，这些员工都会鱼贯走进会议室。

他们进入了一间很普通的会议室，只有一点与常见的大不相同，那便是靠墙摆着的坐垫。那是禅宗坐禅或是冥想时使用的垫子。

进入会议室的员工，随意坐在垫子上。有人不习惯坐地上，就坐在固定式书桌旁边的椅子上。

他们一句话也不说，闭上眼睛，依照本书共同作者木藏シャフェ君子的指导，安静坐着。这是十五分钟冥想的景象。

如果是身处禅寺之中，这样的情景或许一点也不奇怪。然而，这里是公司的会议室，而且还是在全球化企业谷歌的总公司。

在谷歌，有个称为“gPause”[1]的团体。gPause 是用 Google 的 g，加上暂停（pause），合在一起的新造词语；代表通过正念冥想，暂时停下脚步的时间。我们现在看见的光景，便是 gPause 进行正念冥想的情况。

谷歌为 IT 产业带来许多创新，是走在世界最尖端的企业。尖端企业与冥想？应该很多人对此感到很大的反差，但是参加过

---

[1]　谷歌的 gPause，在全世界有 38 个团体，总参加者有八百人。并且，在谷歌全世界的员工，十人中就有一人参加以 SIY 为首的正念相关课程。

gPause 的员工说道："（自从参加这个团体后）现在变得能充分专注在自己的人生和工作。"

现在，请你回头看看自己的生活。在忙碌的每一天，你是否都能充分专注在人生和工作上？

多工夺走了你的专注力

专注，就是对眼前事物倾注全力。但我推测，每天都能发挥专注力的人，并没有那么多。

原因与其说是每个人的适应性或性格不同，不如说是目前的工作环境，让人非常不容易保持专注。而夺走我们注意力的最大原因，就是多重式工作（多工）。

打开电脑，一面书写讲稿，一边看着说明会的资料，确认讲稿要用的词汇。不久，电脑响起收到电子邮件的通知，你想，也许是那个得特别注意的案子，于是把电脑屏幕切换到电子信箱。

这是工作者很常见的情况，不久前，我也是这样子工作。电脑屏幕总是重复开着许多界面；一次消化多种工作的"多工界面"，对现代人来说，已经变得理所当然。

在过去书面工作的时代，你不可能将多项案件资料在桌上一列排开。然而，进化成数字化后，只要使用电脑，同时进行十件工作都变得很自然。多工表面看起来很有效率，怎么看都给人一种干练的感觉。

然而，近来我们却发现，使工作效率低落的，反而是多工。

伦敦大学精神医学科的研究团队，在英国以 1100 名商业人士为对象，进行有关多工的研究调查。研究显示："因电子邮件造成注意力分散时，受测者的 IQ 数值几乎与熬夜工作到天亮的数值相等。"

而依据其他调查，很难专注在一项工作上的商业人士，比例攀升到 69%。从这个结果来看，专注力之所以容易分散，电子邮件似乎占了很大的因素。[1]

另外，多工的弊害不仅是功能面低落的问题，斯坦福大学的报告也说："常态化的多工，会使脑部的两个重要部位受到损伤。"[2]

其一，是称为前额叶皮质区的部位，掌管计划分析、为事物排列优先级等理性功能。另一处则是海马体，与记忆或空间学习深切

---

［1］ 出自《富比士》杂志（Forbes）（2014/6/11），"Chicago Tribune"（2010/8/10）。

［2］ 出自《富比士》杂志（Forbes）（2014/10/8），"Standford Report"（2009/8/24）。

相关。更可怕的是，这些部位一旦受损，便不可复原；不但注意力涣散，还会对脑部造成损伤。

对我们来说，多工作业已是理所当然，但殊不知伤害却已来到跟前。

科技不断进化，但人的大脑得净化

话虽如此，不多工的话，工作又会做不完。这应该是许多商业人士的烦恼。不只是文件或电话，电子邮件、网络、社群网站、智能手机、不分地点的 skype 会议等，必须处理的事务与日俱增。

实际上，围绕着我们的信息，已达史上空前的数量。根据加州大学伯克利分校调查，2002～2004 年，人类累积的信息量比过去历史上的总信息量还多。2005 年之后，信息量更是爆炸性增加，这从日常生活中便能想象。

进入大脑的信息，以及因此受到的刺激，是我们有史以来从未体验过的完全不同倍数的量，并且很明显的，今后还会持续增加。

以电脑来看，这是很有挑战价值的环境。提升 CPU 的功能，整顿好网络环境，也许就能瞬间处理庞大的信息。何止是多工，就算要同时处理超大量的工作，电脑都有可能办到。

可是，我们的大脑就不一样了。要让大脑像电脑一样进化为多工，未免太不切实际。既然如此，就别掉进多工作业的陷阱，配合人类大脑特性的生活方式、工作模式，才是操纵科技时代的力量。

进化的时针无法回头，而科技的进化带给我们许多恩惠。其中之一，便是得到科学佐证的冥想实证研究。

冥想虽仍有许多未知领域，但我们已经知道，集中乱跑的意识，将注意力往重要处凝聚；或是从精神上的伤痛中迅速复原的能力等，都能用正念锻炼出来，详细内容将于第二章叙述。对于被夺走专注力的人来说，这个发现为我们带来很大的希望。

不能注意现在发生的事，你的未来无法持续

谷歌之所以将正念引进员工教育训练，是因为面临以下的状况。

谷歌是许多人憧憬"最想工作的公司"[1]，但另一方面，竞

---

[1] 依据 2014 年 Universum 公司，以美国大学生为对象所做的调查，谷歌是学习商管、IT、计算机科学的学生"最想就职的企业"第一名；在人文科学或文科系的学生之间，也有第二名的成绩。

争也很激烈，对工作要求的水平之高，一点儿也不马虎。

但他们的员工和我们一样，也有无法集中精神于眼前重要事物的时候。来自世界各地的优秀人才，可以用他们的知识、技能、责任感，暂时突破问题；然而，若他们一直对背负的重大压力或精神负担置之不理，开拓新创意也会出现极限。

工作者若不健全，便创造不出能够高度发展的组织。

谷歌引进正念这个全新的领导力研习课程是 2007 年的事，中心人物是谷歌人称"快乐的好人"的陈一鸣（Chade-Meng Tan）[1]。

取名为"搜寻内在自我"（SIY）[2] 的课程，是将冥想放进日常的商业场景中。文章开头介绍的 gPause 便是以 SIY 课程的参加者为中心，使他们在研习后能有固定的正念习惯而展开的活动。

正念是指有意的、对现在这个当下，以不带评价或判断的方式，集中注意后所浮现的意识。这是麻省大学医学研究所的乔·卡巴金

---

[1] 在草创初期便进入谷歌，成为搜索引擎的核心演算开发中心人物。在晋升至工程师的最高职位后，以自身价值观有了重大改变为契机，在公司内部引进以正念为基础的领导力开发课程，主导 SIY，名片上的头衔是"快乐的好人"（Jolly Good Fellow）。

[2] 通过正念训练，锻炼 EQ（情绪商数），主导健康又幸福、持续性高的企业领导力开发，并以实践为目标的企业研习课程。现在通过公认的 SIY 训练师，以公开讲习的方式，在世界各地推广中。

博士（Dr. Jon Kabat-Zinn）[1]所下的定义。

第一次听到正念的人，或许会觉得很难，但不被过去或未来夺走意识，只是单纯对眼前最真实的状态——例如身体起了什么样的反应、产生怎样的感情或想法、与他人的关系或现场氛围变得如何等——对这个瞬间发生的事，赋予充分注意的状态，便是正念。

我们可以从参加 gPause 的成员中窥见正念的效果。

我变得可以深层凝视自我，察觉自己的价值观，对工作或组织的看法也因此改变了。于是，就能充分专注于生活与工作。

在忙碌生活中定期找出时间，停下脚步，就能神清气爽地回到工作。

对工作上那些鸡毛蒜皮的小事，感到焦虑的情形变少。就算遇到什么令人沮丧的事，也可以很快重新站起来。

我变得可以带着体贴的心，与不同的人相处。即使对关系不好的家人也一样。这些对人的体贴，也连带影响了自己的工作动机及创造性。

---

[1] 麻省大学医学研究所教授，也是该校正念中心的创设所长。在麻省理工学院取得分子生物学博士学位后，自 20 世纪 60 年代开始实践瑜伽与禅，整合西方科学与佛教的修行、教理，开发出正念减压法（Mindfulness Based Stress Reduction，简称 MBSR），作为减轻人们心中压力或苦恼的疗法。是引领正念潮流的第一人。

我并不打算用这些人的感想来证明正念冥想的因果关系，也不打算浮夸地说"所以正念真的很棒！"

只是，大家不妨试着将他们的心声，当作实际发生的事情来看待。

精英脑中的作业系统——正念

谷歌校园（该公司广大的基地被称为校园）中集合了来自世界各地的人才，许多创业公司（拥有崭新商业种子的企业、组织与团队）陆续诞生。他们以摸索的方式启动雏形企业，寻找可能培育的人才；从实验结果中严格选取，找出特定的目标并注入资源。为了持续开创没有先例的商业形态，他们必须充分注意并理解"当下发生的事"。

另外，因为工作的多样化，还需将思考方式不同所产生的摩擦化为共创的力量，因此必须具备切实关注眼前对象的能力与习惯。

正念已经成为这些商业人士的OS（Operating System，操作系统）了。这是我和谷歌的员工一起进行练习时最真实的感想。

姑且不论冥想（正念练习）的意外收获，若单单理解为训练专注力、锻炼注意力的研修，这目的本身绝不新颖。

或许你会有疑问，谷歌会不会是为了培养能使公司利益最大化的人才，才强制要求员工锻炼注意力，逼他们冥想？绝非如此。

首先，上 SIY 的课程，或是参加 gPause，都是自发性的。每个人都是抱着好奇心去参加，带着"这里似乎有我所没有的东西"的兴奋感，并且能感觉到他们是因为有良好的收获，而学习正念冥想。

前言也提到，"整合全球信息，使人人皆可访问并从中受益"是谷歌在 1998 年创设以来揭示的任务宣言，但你知道他们还揭示了另一个愿景吗？"成为全世界最健康、幸福，且具生产性的组织"。

谷歌的正念，是以其愿景为本，为拥有幸福感[1]而前进，绝对不是为了让员工做更多工作，使他们表现更好。他们是出于每个员工能因此变得更好，从而产生创意，并创造出有高度持续性的组织的理念，才引进正念课程。

谷歌的做法（重新从根本检视企业、公司这些组织的存在）已经超越了一个企业的框架，并向硅谷其他企业，甚至全美、全世界急速扩散出去。

---

[1]　身体的、精神的、社会的健全，幸福状态的结果。

锐不可当的正念革命

"因为谷歌很特别，我们公司不可能照着做。"也许有些人会这样想，但这场正念革命，已经呈现出无可抵挡的破竹之势。

2013 年 11 月 1 日的《纽约时报》（*The New York Times*）报道了大型企业开始引进正念训练课程，许多企业人士着眼于找回自己的主轴这个需求。在 2014 年初，世界最大的网络新闻《赫芬顿邮报》（*The Huffington Post*）英语版介绍正念研究是 2014 年后推动世界发展的十大趋势之一。同年 2 月，美国《时代周刊》（*TIME*）制作了"正念革命"的专题，指出大型企业干部之间已经发生了重大的概念变革。

现在到美国各大书店，可以看到许多书的书名已加上正念（Mindful 或 Mindfulness）[1]的标题。

此外，要说到实际的渗透程度，对那些总部设在硅谷及其周边的顶尖企业来说，引进正念课程已经成为习惯。除了英特尔、脸书、

---

[1]　Mindful 是 Mindfulness 的形容词。本书中，我们将这两者分开使用。

领英等企业外，总部设在德国的世界级软件公司 SAP 也在各地分公司引进正念。

然而，这样的举动并不专属于新兴企业。例如，医疗机器制造商美敦力（Medtronic）从 1970 年就设有冥想室。曾任该公司首席执行官，现于哈佛大学执教的比尔·乔治（Bill George）曾表示："将冥想引进企业的理由是，若你能在工作上对当下倾尽全力，则更能发挥领导者的能力，做出更好的决策，并且可以做得比其他人还好。"这可以解读为，若不能对当下倾尽全力，便很难在复杂得令人眼花缭乱的商业大浪中，以正确的判断乘风破浪。

如果你是具备高度意志力、能与众人一起建立团队，并得到良好成果的领导者，在某种程度上，确实能使自己专注，但这仍不够充分。

此外，正念还扩展到福特、宝洁等传统制造商，沃尔玛或全食超市（Whole Foods）等大型物流业。而世界最大的投资银行高盛证券，在引进正念课程后，便在《财富》杂志举办的"最有工作价值的企业"排行中急速上升（2013 年排名第 93 名，2014 年排名第 45 名）[1]。

聚集世界精英领袖的世界经济论坛自 2012 年起，便以正念为讨论主题（一开始是对大家解释何为正念，但在 2014 年便将焦点转移为领导者该有的每日练习）。这里介绍的只是一些例子，但我

---

[1]　出自《哈佛商业评论》（*Harvard Business Review*）（2014/3/10）。

想读者应该已经明白，从谷歌拓展的正念实践，已经陆续蔓延到全美，甚至全世界了。

正念带来的好处

那么，为什么正念可以扩展到这种地步？英国《卫报》（*The Guardian*）报道了英特尔公司实施正念训练[1]的效果。

实施对象是 1500 名员工，以上课前和上课后分别回答同一个问题的方法来进行效果测定。10 分为满分，自我评分的结果如下。

- 压力、迫切感　　　负 2 分
- 幸福感　　　　　　正 3 分
- 心灵清晰　　　　　正 2 分
- 专注力　　　　　　正 2 分
- 参与度[2]　　　　　正 2 分

---

[1]　出自《卫报》（2014 年 05 月 18 日），英特尔公司引入用冥想提高业绩的正念课程。

[2]　指在计划、团队工作、会议中，努力的深度。

虽然有无法量化的部分，但专注力与心灵清晰这些与团队工作直接联结的项目，以及带来幸福感，都已经超越一般工作的正面效果。英特尔以此结果为本，决定对全世界十万名员工引介自创的正念课程 "Awake@Intel" [1]。

关于正念的效果，心理学专门杂志《今日心理学》（*Psychology Today*）也刊载了《从今天开始冥想的二十个科学理由》（2013 年 9 月 11 日），并在该杂志第 34 页报告了其研究结果。

看到这些，你可以想象，除了专注力或注意力不足的问题以外，正念作为解决人类本质问题的手段，有多么值得期待了吧！

名校也开始导入正念

正念的影响范围扩大，不只发生在企业界。

培育下个世代领导者的大学、商学院，特别是哈佛、斯坦福、加州大学洛杉矶分校（UCLA）这些名校，也开始引入正念的概念与练习。

---

[1] 在开发该课程时，SIY 的开发者陈一鸣也以监修者的身份协助。

值得注意的是，感觉上应与心灵训练背道而驰的 MBA 课程，也开始重视正念。这或许可以说是为下一代领导者应具备的条件所提出的新议题。

日本国内也开始在 MBA 课程引进正念，打头阵的是同志社大学，从 2013 年 6 月起，该大学便在商学院引进正念课程。教授该课程的是饭冢麻里教授（商业研究科，专攻全球经营研究）。饭冢麻里 30 年前在斯坦福大学读 MBA 时便邂逅了禅。回首当时，"我觉得就是为了这个（认识禅）而来到美国的"，她这样形容内心的震撼。

2014 年，本书的共同作者荻野淳也在庆应大学举办的公开讲座[1]中，持续以正念为主题开课，也得到很大的反响。

美国的中小学也正在增加此类课程。说不定 10 年后，孩子们学习冥想也会变成理所当然的事。

在日本，冥想仍是作为宗教修行者或卓越指导者的兴趣而存在吗？还是会像在美国那样，以正念革命而蔓延扩展呢？这点谁也无法得知。

---

[1]　SDM 研究所（庆应义塾大学研究所，系统设计管理研究科附设系统设计管理研究所）主办的公开讲座。

正念的效果

- **促进健康**
  1. 提高免疫机能
  2. 镇痛
  3. 在细胞层次抑制发炎症状

- **增加幸福感**
  4. 增进正面情感
  5. 抑制忧郁
  6. 抑制不安
  7. 缓和压力

- **改善人际关系**
  8. 扩展人际关系，提高 EQ（情绪商数）
  9. 成为体贴的人
  10. 减少寂寞感

- **促进自我控制**
  11. 提高感情的控制力
  12. 提高内省能力

- **开发大脑**
  13. 增加灰质（中枢神经系统的重要组成部分）
  14. 增加调整情绪、正面情感、自我控制等相关部位的量
  15. 增加与注意力相关部位的皮质厚度

- **提升生产性**
  16. 提高专注力与注意力
  17. 提升多工的能力
  18. 提升记忆力
  19. 增进不被形式制约的思考方式
  20. 综合 1 ~ 19 的叠加效果，使你变聪明

然而，如前文所说，人类生存至今从未遭遇过像现在这样的信息洪流，因此在维护身心健康的意义上，出现具体的防御、强化对策也是应该的。我认为正念是安心、安全、客观性强的思考法与实践法。

2013 年 9 月 12 日晚 7 点，在东京的新丸大楼内集结了约 70 名企业人士。这天，是我们以"正念，领导力讲习"为名举办的每月例行讲习第一场。参加者只有一位出家人，其他都是来自东京或其他区域的上班族。之后定期举办的讲习，每个月也都有数十名商业人士参与。

此外，发展出豪田农场及四十八渔场等上市居酒屋连锁店的株式会 ApCompany 等企业也开始引进正念课程。

随时代辗转、传承的正念文化

日本人熟悉的武道、花道、茶道等所谓"道"的世界，追求的正是专注力。

在宫本武藏[1]的《五轮书·火之卷》中，有这样一段文字："眼法有观、见二种，观之眼（观大局之眼）强，见之眼（观察细节之眼）弱，便能将远方切实看清，以宏观大局之眼掌握近处。此乃兵法中最为重要之事。"

该如何掌握未来的商业形势及下决断，若将这种企业人士的思考脉络替换进去，便会发现，其实正念是很普通的学问。注意力与专注方法跨越了时代，正念也是从文化中传承下来的东西。

冥想并不仅止于宗教的框架，也是为了在现实社会生存下去的一种领会。从下面这段话便能明白："所谓禅，就是人类意图以冥想达到超越语言表现范围的思想领域所付出的努力。"（出自新渡户稻造《武士道》）

在过去，不只宗教家冥想，冥想也渗透进当时领导阶层的武士之中，与此同时汲取了武士道的源流。

至今仍持续带给许多企业领导人重大影响的中村天风是日本第一位瑜伽行者，也是冥想的实践者。师从于中村天风的企业家中便有稻盛和夫；另外，对草创初期的稻盛有很大影响的松下幸之助，以及索尼的创业者井深大，也都各自以不同的方法，把冥想融入日常生活。

---

[1]　江户时代的剑术家、兵法家、艺术家。

在序章，我们介绍了由谷歌带头引进、使用的正念冥想，并持续扩大到硅谷、全美、全世界的正念革命概要。

简单地说，通过正念冥想锻炼专注力，为使表现力发挥到最大极限创造基础，已经逐渐变成就像去健身房锻炼身体一样理所当然的事了。

想尽快了解世界现状以便应对，以及想将正念融入生活的人，请往第三章前进，了解如何实践正念冥想及各种训练。

当然，仍感到半信半疑的人，我想仍是占大半。因此在第一章，我们就来看看无法专注的社会现实面。

正念练习如何提升你的能力

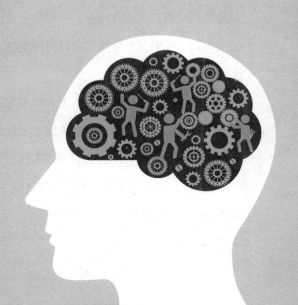

　　如同在健身房锻炼肌肉一样，正念训练的是专注力。这个逐渐席卷全球的新潮流有什么好处呢？通过正念，我们可以得到什么样的力量？而这个力量，又能为活在混沌现代的我们带来什么？

　　本章将介绍实践正念所得到的九种力量。若能拥有这些能力，你就能在组织中或在广阔的社会上拥有更好的表现。

正念产生的第一种能力：
暂停脚步，抛开过去

　　第一个介绍的能力是：停下脚步思考，然后抛开过去。或许有人会感到疑惑："这有用吗？"如果你不能暂停脚步，重新检视过去的习惯，我们就不可能改变以往的生活方式。因为要学会新的方法，就必须打破窠臼。

　　例如，虽然走在熟悉的路上，却不知不觉被路途中的人或物分心而导致迷路，从而走到陌生的地方。你是否有过这样的经验？这时，如果问你该采取什么行动，大部分人应该都会回答"停下脚步"。

　　那么，在工作上又如何呢？当你遇到不知该如何判断的状况时，是否也会暂停脚步？

暂停，也有各种状况。项目遇到麻烦，无论如何努力也无法继续开展，因焦虑不安而彷徨地停下来；或者为了俯瞰整体状况，有意地停下脚步等，这两种暂停，截然不同。

然而，能突破难关、获得成果的人，应该像后者那样，沉着冷静地刻意停下脚步。为了在当下发挥洞察力，必须大胆地停下脚步。话虽如此，对许多企业人士来说，暂时停下来思考，并不像嘴巴上说得那么简单。

工作只会增加，不会减少；此外，还必须扮演家庭生活中的各种角色。为了应付将来可能发生的危机，也想利用空闲时间学习。如此忙碌的每一天，使自己理所当然变成忙忙碌碌的人，让人不知不觉忘记暂时停下脚步。

应该暂时停下来，却停不下来，这种状况称为"自动操作模式"。许多人都陷入这种模式。但是能得出成果与没有成果的人，差别就在于，在这种状态下是否能停下脚步思考。

如果你明明很迷惘、犹豫，却无视问题，继续走，便会逐渐偏离原本应该走的路。

因此，简单来说，当你走到陌生的地方迷路时，要立刻停下来，确认目前所在的位置。工作有成果的人会有意地做这件事。那么，这些持续得出成果的人，为什么能有意地暂停脚步呢？

因为他们将大脑神经回路锻炼成能确实察觉目前困难的状况，

并能避免因焦虑而做出轻率的反应。

正因为大脑神经如此运作，所以比起用自动操作模式做出"半吊子"的推测来说，这样暂时停下脚步，更能决定下一步的对策与决策。

◆ 大脑天生讨厌变化，正念能帮你突破

然而，大脑对停下脚步其实是有抵抗的。根据美国知名精神科医师丹尼尔·亚曼（Daniel G. Amen）博士所言，"人类思考的事情有95%左右每天都在重复"。也就是说，只要置之不理，人类就会遵循着平常习惯的自动操作模式去行动、思考。

还有一个重点是，人会倾向于在自己的舒适圈活动，这也是受大脑的影响。不管外界如何变化，生物都有维持恒常稳定状态的体内平衡机能（Homeostasis）[1]。例如，外面的温度急剧上升或下降时，体温若也配合着上下变化，生命就会处于危险之中。为了避免发生这种状况，体温会自动维持在一定的温度。

人会自动因袭过去的做法，因此，走路的状态若维持在平常的

---

[1]　参考书籍《秘密》（*The Secret*，朗达·拜恩 Rhonda Byrne 著）、《一生都受用的大脑救命手册1》《一生都受用的大脑救命手册2》《你可能患了注意力缺失症！全新策略疗愈六型 ADD》。

自动操作模式，只要自己不停下来，便会一直走下去。这就是人类。

如此一来，就造成了我们因惰性而持续沿用原本已经不适用的对策或不适合的工作方式，因为这是大脑的习惯。唯有突破这个宿命倾向的人，才能持续在混沌的时代得出成果。

在变化激烈的商业环境中，需要的是抛开过去的能力。而这个能力只要通过训练，任何人都能获得。本书介绍的正念练习，便是得到这个能力的手段。

正念产生的第二种能力：
你能在 VUCA 的现实世界中姿态放软，迅速复原

美国陆军在就世界形势的趋势进行解读时表示，近来全球化企业的经营者注目的词汇是"VUCA 世界"，意指变动幅度大（Volatility）、不确定性（Uncertainty）、复杂性（Complexity）、不明问题所在的暧昧性（Ambiguity），也就是现在的世界。

所谓变动，表示政治或经济等潮流激烈变化，而且幅度非常大。变化激烈与持续稳定这两种状态，对担任舵手的领导人来说，哪种压力比较大，显而易见。

就算变化再怎么激烈，如果能看清楚变化的方向，便还有办法可想。然而，如果对于发生的变化，我们无法得知会转到哪个方向，将使压力倍增。

如刚才所述，在未知的状况下，为防止生物陷入不安定，大脑的构造会让人想停留在舒适圈。但若太过追求安定，无视现实的剧烈变化，当你察觉时，可能已经陷入无法挽回的处境。

把活生生的青蛙丢进滚烫的水里，它会受惊吓而跳出来。但若是一开始就把青蛙放进水中，再慢慢加温的话，它便不容易察觉变化，这就是"温水煮青蛙"的道理。在这不安定的世界，如果我们一动也不动，也有可能变成被温水煮的青蛙。

为了扩大事业，投资经济效益显著的新兴国家，但因政情不稳，事业可能会因此停止；新政权因基础脆弱，不知道什么时候会崩坏。针对先进国家销售的产品，好不容易开始赚钱了，工厂却因为气候异常造成水灾，不得不停止生产，等等，这些是近年来许多国家实际发生的经济现象。但你有没有发现，这些问题的构图，跟过去一路上扬的高度成长期完全不同？

高度成长期也有彼此竞争，对手间互相追赶的情况，然而那样的构图，跟现在的相较之下，显得非常简单。

例如，电视逐渐变大，以前只要提高画质、多功能化，便能让顾客产生换购的需要，使盈利增长。但是，现在光靠高画质、多功能，也无法充分满足消费者的诉求。设计或价格、耗电量、企业形象等等，因人、国家或地区的不同，重视的要素也不同，"只要这么做就会胜利"的公式，已经非常难成立。

即使在变化剧烈、不确定的状况下，企业人士，特别是领导阶层，每天仍被迫做出重大决策。

而这世界不是单凭一个人的资质或行动就能控制的。在这不安定、看不见未来的时代，还是有水平卓著的领导人，持续做出成果。他们是怎么维持向心力、做出优质的决策并付诸实际行动的呢？

他们具备的，是积极接受这个难以控制的不确定世界，即使筋疲力尽也能快速重新站起来的能力。这个恢复的能力、不气馁的心，便称为"复原力"[1]。

姿态放软地接受现实变化，便可造就革新，成为新企业、新组织诞生的源泉。你身边有这样的领导者吗？你的上司是这样的人吗？

如果身边找不到这种人物，那么把这样的能力学起来，通过练习正念，以放软姿态，来构筑自己的资历，便能提高组织的成果。

---

[1]　复原力（Resilience），是指在背负着精神压力的状态下，从精神伤害中，自发性产生疗愈的能力。也被译为恢复力。

正念产生的第三种能力：
不再以为世事就是简单的因果关系，
能接受这世界往往没有清楚的答案

VUCA 世界的 C 是复杂性。政治的多方对立、气候变化、经济全球化、复杂纠葛的民族问题、宗教纷争、世代对立、收入差距、贫穷问题等，多不胜数。这些问题的最大特征就是，并非只要改变某个因素就能解决。

以收入差距为例，如果为了减小收入差距而大幅提高法人税，或提高对富人的所得税课征，便会加速企业转移到海外，或是富裕阶层移居海外；结果造成国内的雇佣环境恶化、税收减少，反而会扩大贫富差距。

另一方面，也有借由让强大的企业更加成长，以带动整体经济，使全体均富的看法。然而，因为 IT 的省力化及全球雇佣化发展的关系，以致大企业那样做并不会变得更强，也不能像过去那样，使任何人都能找到工作。

能源、教育、少子化，各种问题互相影响。这些问题，与其说是特定的问题，不如说是一个复杂的系统。这种界线经常是流动的，光要掌握整体状况就已经很困难。因此，我们所认知的问题，在整个纠缠的系统当中，不过是瞬间浮出水面的冰山一角罢了。

VUCA 最后的 A，是连问题是什么都无法确定的暧昧。我们的时代就是这么的复杂、暧昧、模糊。

回头看看商业现场，我发现能成功处理这种复杂问题的案例非常少。

对 A 这个问题用 B 这个对策，对 C 问题用 D 对策，我们已经很习惯用直线型的因果关系解决问题。然而在现实中，经常发生由于 A 与 C 的问题互相纠缠，所以即便实施 B 对策，将连 C 都产生变化，导致 D 对策没有用。

要解决无法以直线思考的问题很难，人对于麻烦的事，在感到困难之前，就会启动自动操作模式，不知不觉间，使自己陷入思考停止的状态。

◆ 别去下载 App，而是更新 OS

那么，要如何才能解决复杂的问题呢？

也许有人认为，得拥有解决问题的技术，但光满足技术条件并不够。从过去到现在，我们借着学会战略框架或系统性思考，以应对各式各样的问题，但光靠工具解决问题，也有极限。

以 PC（个人电脑）为例来思考，所谓技术，相当于 Word 或是 Excel 这种应用程序。应用程序使我们的工作或生活更加便利，但要处理庞大的资料，老是用旧款的（例如十年前发行的）OS（操作系统），无法好好工作吧！光是把应用程序升级到最新版本，操作系统版本却太古老，便无法支援。

要充分使用各种商业技术，也就是应用程序，必须先把自己升级了，才有可能安装并充分应用。

这里所说的自己，就相当于个人电脑里头的操作系统（OS）。在与复杂的问题对峙时，我们必须有足以配合的 OS。这个新的 OS，便是让你可以停下脚步、深入思考，将注意力导向当下、此刻的模式。而可以实现这一点的，就是正念。

通过正念，我们能坦然接受复杂的问题，同时保持前进，并强化精神力量。即使没有清楚的答案，也能接受事情在矛盾或对立仍存在的情况下取得进展，以平常心面对这些问题。

虽然带着矛盾或无法解决的问题前进，会让人感觉不舒服，但正念有洗涤身心的效果，也能有效切割这种不舒服的感觉，容许它们只是一时的经验。本质上，这跟需要用忍耐或是韧性等品格、得用尽力气去压抑的苦难不一样，缓冲让你得到的持续性更强。

世界上的顶尖精英身处的环境，是我们难以想象的艰困。他们之所以练习正念，就是为了学会不为一点风吹草动而动摇。

正念产生的第四种能力：
如实掌握矛盾或对立，不被卡住，仍取得进展的能力

商业规则已经有大幅的改变，这种变化若以足球比喻，就是当你想踢足球而来到球场时，却发现球场的大小已经不一样，草地变成沙地，球员变成每队各 30 人，足球变成橄榄球，球门变成篮球筐……怎么会这样？通常不可能发生的变化，却在商业世界真实地发生着。

例如 10 年前的我们，无法想象，不花钱，可以把超过 100GB[1]的大容量资料，放在云端上，跟朋友分享；只要在网络上简单地登录，就能免费同时跟多人用可视电话开会。

过去，商业有着共同的规则。例如，如果你是汽车交易商，理所当然就是销售汽车（新车或是二手车），销售更好、更便宜的商品。为了让顾客买得愉快，而充实产品种类、努力压低价格、对员工进行接待顾客的训练等，这些都是这门生意的重要核心。

然而近年来，城市的汽车共享（car-sharing）急速发展。自己不拥有汽车，只在有需要时才租借的模式，已渐渐普遍化。过去的

---

[1]　当时信息量的基准是 Giga Byte 的千分之一 Mega Byte，或是再千分之一的 Kilo Byte。

汽车交易商，可曾预料到这样的时代来临？并且是否采取了有效的应对手段？

不过，就连这好不容易普及起来的汽车共享，都有可能只是一时的变化。因为，今后随着自动驾驶技术的发展，汽车的概念也有可能产生改变。

汽车从持有，变成租借、共享的物品，今后又会变成什么样子呢？自动驾驶汽车会不会变成不只是一家一辆，而是一人一辆，甚至是不分年龄任何人都可以拥有？还是像公共出租车那样，大家共享附近的自动驾驶车辆？目前没有任何人有答案。

又或是，在智能手机或平板电脑中已经实现的许多功能，哪一天也能替换成穿戴式装置，如同眼镜或手表一样可以戴在身上，这些我们都无法正确预言。不只如此，就连穿戴式装置会变成什么形状，也没有人能预料。

◆ 该考虑的不是如何战斗，而是重新检讨规则

在这里我希望大家重新思考的是，在规则本身将如何改变都不可知的现代，以相同规则来领导，是否还同样适用？

在规则不断更新的时代，我们究竟该如何应战？

再以足球为例，虽然过去按照基本理论来思考战略、战术，但

技术环境（球场大小、草地），或是前提条件（人数、使用的球、球门的形状）等大幅改变的话，就必须思考要依照原本的规定还是得采用新的规则这种根本性的问题。

工作方式或是组织概念、经济结构，甚至民主主义的存在方式等，一切都应该从零开始思考的时代已经来临。这样说绝不夸张。

在过去行得通的竞争手段，已经变得无法悉数照单全收。尽管市场的规则已经从根本上改变，我们却对这些变化视而不见，就像在打过去的比赛一样。

我们需要的并不是去思考如何跟过去一样，在同一个市场上战斗，而应该从头思考商业模式，重新制定适合当前环境的规则才是。然而，从头检视也伴随着史无前例的风险，无论怎么选都有问题。以下我们从最贴近的问题来思考。

考量到身体健康，你希望每天都有时间能运动；为了提高英语实力，你也想读书。但另一方面，眼前有重要的工作必须全力以赴。追求当下固然重要，但光这么做也不行，你始终做不到理想的时间分配。

是为了将来采取对策，还是对眼前的工作倾注全力呢？这是无法得到单纯解答、存在于当下的矛盾。若选择其中一方，另一方便会出现问题。可是若因此选择另一方，也同样会出现别的问题。

而领导能力，就是要当场决定这种无法简单得到答案的问题。

领导者不能撇开视线、不看这样的矛盾或对立，而是必须认真直视，并接受它们。

目前我们需要的，不是马上可以做决定的帅气领导者，反而是带着这些矛盾的同时，还能继续前进的人。但相对的，怕犯错而犹豫不决，这种心态更是降低决策效率的危险因子。

在这个时代，我们很难将存在于当下却无法解决的状况抹去不管；可是，直视这些问题所需的心理素质，可以通过正念的实践来锻炼。

正念产生的第五种能力：
察觉自己发生了什么事，不是只追求结果

我们经常被要求做出结果。在大家对争夺市场占有率都已经习以为常的这种市场经济架构中，我们为追求特定的正确答案，持续奋战着。

但是，这当中可能有一大陷阱。在此，我分享数年前的一次经验。在某企业，背负全公司业绩的事业部门，发生了差点就要闹上新闻的违法事件。之后，该部门开始重新从根本检视干部资质，并

企划一个以构筑愿景为题的干部研修课程。我通过某顾问公司，共同参与、设计了该课程。

在三个月内，通过各种会议，虽然该部门陆续提出业务政策，或部属管理等与业绩或生产力相关的提案，但对提升员工的工作动机或维护健康方面，却拿不出有效的方法。比如说增加个人沟通机会、建立面谈制度、让工作干练的×××来支援等，但这些都是连新进员工都写得出来的方案。

一方面，晋升到该事业部门的人，都是以高能力而自豪的，堪称组织表现的推进器。另一方面，也有员工因为升迁失败，精神状态出了问题而离开；在精明干练的上司手下工作，也有好几个部属精神上被逼到极限。但是，这样的事实却一直遭到漠视。

工作现场明明已经濒临崩溃边缘，上司却没发现。就在这时，我与该计划的成员们提到某位咨询师曾说的一句话："在这家公司要成功，就要关掉内心的探照灯。"员工们即便以干部的身份谈论公司未来，但那个未来也跟自己的生活无法重叠，这导致大家都把心门关上，从而无法得知有没有人想为公司尽忠。

关掉心里探照灯的人，并不是有意这么做。他们是在不知不觉间，对组织过度适应才会变成这样。

站在干部的立场来看，为了达到业绩目标，他们没有时间去思考内心发生的状况。他们必须鼓舞部属，所有一切都必须符合数值目标才可以，业绩也好、顾客也好、商品也罢，意识一直都是向外发展的。

如果把意识引导到充实感或幸福这些方向，他们很快就会陷入自我矛盾的陷阱，从成功的舞台摔落。

"停下脚步就输了"，这是支撑公司业绩的事业部门的理论。

然而，这种胜者自定的理论，却孕育出组织的病灶。结果便是为业绩而做出违法事件；部门生病了，变成一个就算业绩很好，员工也无法打从心底快乐工作的组织。团队变成一个短期间能想出对策，往中长期便无法延续的组织类型。

有时为了得到成果，我们反而该放胆停下脚步。停下来，打开内心的探照灯，不跟随组织的理论，好好面对自己——这才是组织改革上最重要的事。

◆ 全世界的商学院都重视的自我觉察

经营者在发挥领导力之外，最重要的是什么？

这是美国斯坦福大学商学院，在教授组织的评议会上提出的问题。而全场答案竟然都一致——"自我觉察（Selfawareness）是最重要的。"Selfawareness 的直译是"自知"或自我意识；充分察觉自己的思想或情感带给他人的影响；认识自己的强项、弱项、志向、价值观等内在拥有的东西，这便叫作自我觉察。

"现在，你觉得自己发生了什么事？"在一场会议中，我问了与会者这个问题。于是，很多人都谈到职场上发生的事，或是商业环境的课题。我听了之后，又再问了同样的问题。

"现在，你觉得自己发生了什么事？"这次他们又举出不同的事项。这便是重复询问的方法[1]。在不厌其烦、持续询问当中，有几位参加者开始将自己内心发生的变化转成语言。那是催促自己打开自我觉察的心灵探照灯的瞬间。

我们会在第二章详述与正念相关的脑科学，但其实与自我觉察相关的大脑，也与理解他人或对他人产生共鸣的部位有密切关系。以脑科学来看，如果对自己没有深切的认知，便无法充分理解他人。而无法理解他人就不能理解组织或社会，也无法创造事业。

就个人范围来说，无法自我觉察，便无法活得更好、工作得更棒、发挥更优秀的领导能力。

---

[1]　重复询问：先拟好一个促使我们察觉本质的重要问题，然后借着重复发问得到回答。其根源也包含禅宗的公案，在世界各地很常见。

正念产生的第六种能力：
跨过"成功 ≠ 幸福"的矛盾

在业界的龙头企业工作，得到应有的地位、该有的年收入；住在交通方便、离车站徒步即可抵达的范围；拥有高级轿车；小孩上私校等，拥有这样生活背景的人，应该算是很幸福的成功人士吧。

然而在社会中，却有着即使乍看之下很成功，却不一定能实际感受到幸福的矛盾。

依照教导幸福学的庆应义塾大学研究所系统设计管理研究科的前野隆司教授所言，地位财富型的幸福（拥有堪与他人相比的财产或物质，及因社会地位带来的幸福感）并不能持久。

并且，GDP 与国民的生活满意度，在某阶段后便不成正比；即使 GDP 持续上升，不安、不满、不健康的状态，反而会更加显著。这样的资料报告，在日本或美国、英国等地到处都能看到。

用多工方式管理眼前的课题，利落地指示部属，并持续得出成果的人，以现在的价值观来说，的确很成功。然而，越是能多工的成功人士，越容易被工作追着跑，陷入自动操作模式，无暇关注自己身上发生了什么。这样的人可以算是幸福的人吗？

正因为每天都被工作追着跑，你才更应该暂时停下脚步，并打开心灵的探照灯，再度遇见遗忘许久的寂静。

一天当中，你有属于自己的寂静时刻吗？除了睡眠以外的寂静，你拥有多少意识清醒，但同时是放松的状态呢？

为了能自我觉察，寂静是必要且不可欠缺的。寂静更是察觉自己与世界状态的一个契机。而冥想，便是在忙碌的日常生活中，创造出一个短暂，但有价值的寂静的实践法。

与谷歌或脸书、推特等同等级的 IT 企业人才开发领导者们，于旧金山开设的"Wisdom2.0"[1]，称这种寂静为"Space"。这种寂静包含两种意思。一是物理上的寂静（将业务时间内或其他停下脚步的时间变成习惯），二是心灵上的寂静（因停下脚步实际得到的寂静）。

对忙碌的商业人士来说，或许不容易保有这两种意义上的寂静。但是，这些正是世上最忙碌、领导企业的人才最重视的事。

在你工作的企业里，是否有这样的问题意识？如果没有的话，请由你开始，踏出改革的第一步。这不仅是提高工作表现的重要举措，也是维持身心健康的重要课题。

---

[1] 以硅谷为中心的大型企业领导者，与世界顶尖的脑科学家、心理学家、宗教相关人士交流，探求在科技时代通过更好的工作、生活方式，使企业与社会逐渐改变的国际会议。作为与正念相关的世界最大定期活动，以旧金山城区为会场，在每年的 2 月召开。其他地方也有相关的活动。

◆ 正向心理产生优秀的创意

即使告诉大家可以通过寂静获得益处，对很多企业家或领导人来说，听来仍像是空谈。但寂静并非一种精神论，而是被许多科学证据所证实的。

新锐正向心理学家、北卡罗莱纳大学教授芭芭拉·费德瑞克森（Barbra Fredrickson）发现，在安稳舒适的心理状态（高度正向状态）下，人的注意力或认知力、行动的选项会扩大（broaden-and-build theory，扩展与建构理论）。芭芭拉也是广为人知的正念冥想实践者。可以说，科学证明正念训练能提高正向心理。

再介绍一个例子。如果将"我想做……"的文章空格填满，若是在正向性高的时候做这件事，会填入更多有意义的选项。思考柔软时的创造力会扩大，也容易产生创意。

此外，威斯康星大学脑神经科学家理查·大卫森（Richard Davidson）博士发表的研究结果显示，在心情好的状态下，大脑左侧的前额叶皮质会活跃。这意味着，人若是乐观，便会广泛关注各种事物，接受各种意想不到的创意。

将这些研究成果与正念关系加以整理，并进行适当的正念训练，便能敞开心胸，提高柔软度，接受发生在自己身上的各种思想或情感。

话虽如此，正念并不能创造出永远充满笑容或是感动的日子，但能让人在无论刮风或下雨时，可以舒服地接受。这便是科学意义上的正向。从此处强化自己的专注力、复原力等，才能提高工作或日常生活上的表现。

正念产生的第七种能力：
正面能量，并对周遭的人产生感染力

通过正念提高的正向能力，对个人来说并非只是提高表现能力，还能为周围环境带来正向影响。

从有朝气的人身上得到元气，跟思想灰暗的人在一起就变得阴沉，这应该是所有人都有过的经验，其实这也有科学的研究佐证。

例如，20世纪后半叶持续调查有关"情感传染性"的相关报告显示，研究者以美国马萨诸塞州弗雷明罕的5000名居民为对象，进行了与心理疾病有关的调查。通过调查发现，与孤独、悲伤、幸福有关的情感，会传染给身边的人。更有趣的是，正面的情感比负面情感，传染性更高。

还有另一个调查研究，亚利桑那州大学的弗瑞德·瓦岚普瓦教授等人对 79 位警官及其部属进行了调查。结果显示，上司如果正向，对部属的正向或工作表现就有正面的影响。也就是说，上司的正向性越高，部属的正面能量也越高，工作表现相对便能提高。

更甚至，健康心理学家凯莉·麦高妮（Kelly Mcgonigal）在其畅销书《斯坦福大学的自我改变教室》（神崎朗子译，大和书房出版）[1] 中，也详细叙述了不论好事坏事，都会由人的意志传染开来。

由此我们可以看到，在构筑更好关系的同时，我们也能从这样的关系中，释放出更丰富的创造性。

正念产生的第八种能力：
越优秀的领导者越容易对他人的喜或痛产生共鸣

人的抗压性跟住宅的抗震强度一样。

成功者大都具有高度的心灵复原力，例如企业家或经营者、顶尖运动员、政治家等，在你身边可有这样的人？

---

[1] 原书名为 *The Will Power Instinct*（《意志力的本性》），作者也是正念的实践者，本书数度引述。

复原力的必要性，在前面已经叙述过，但复原力其实也是自我觉察的基础。因为内在的沉静是自我觉察的条件，与感情面的恢复相关；感情面的恢复又与认知的恢复相关，这就是复原的步骤。

更进一步来说，自我觉察也是推敲、理解他人心情的能力基础。

假设你现在很痛苦，但仍不气馁地继续努力，可是和你一起工作的人，却突然降低工作意愿。这时，若要跟不如自己坚强的对象合作，该怎么办才好？

认知神经科学专家塔尼亚·辛格（Tania Singer）博士[1]说过，"要理解他人的感情，必须先理解自己的"。也就是说，自己要知道"其实我也很痛苦"。

如果自己不觉得痛苦，或是完全不能理解对方时，又该怎么办？这时则必须清楚认知自己的状态是完全没感觉。

总之，得充分自我觉察，才能关心对方。

推广 EI（Emotional Intelligence）作为测量情绪商数 EQ 指标的丹尼尔·高曼（Daniel Goleman）[2]，提出领导者必须具备以下 3 种共鸣。

---

[1]　德国莱比锡的马克斯普朗克认知神经科学研究所、社会神经科学部门的指导者。

[2]　以心理学家、著述家、科学记者等身份闻名。也是 EI 的提倡者。被两度提名普利策奖，在陈一鸣的邀请下，协助 SIY 的开发。

- 认知的共鸣：理解他人观点的能力。

- 情绪的共鸣：察知他人情感的能力。

- 关心的共鸣：察觉对方对自己有什么要求的能力。

大家是否每天都带着这样的共鸣工作？这三者是生存在各种关系中的我们，都应该拥有的能力。

对他人的共鸣或体贴，乍看跟科学不太搭调，但世界顶尖的领导者都异口同声表示，这在企业中是很重要的东西。

以领导能力教育机构著称的CCL（Center for Creative Leadership）调查报告指出："25%最高层的管理职，比起最底层的25%，对爱的需求与实际的满足度较高。"

说到爱与被爱，好像跟商业文章的脉络不大相符，若是说经由体贴周围的人，并被大家所接受，而建构出有建设性的关系，或许就比较容易让人接受了吧！这也显示出共鸣与组织表现的相关性。

虽然共鸣能力因人而异，却也能通过训练来开发。CCL针对这点，列举出包括沟通时的倾听、客观的看法、与他人合作的教育、体恤心的培养等课程，来支援管理者与各种不同文化的人一起工作。

而这些要素都可以通过正念冥想及各种正念的练习来养成。

◆ 顶尖精英把体恤当作工作的根源

日本的社会心理学家三隅二不二提倡的领导力论中，有个理论称为 PM 理论。PM 理论的 P 是绩效，是在组织中为了明确目标，得出成果所需的牵引能力；M 的意思是维持，指重视人际关系，谋求融合的能力。

当然，我们虽然希望 P 与 M 两者都能有很高的水平，但这没有嘴上说得那么简单。

一般来说，评价好的大企业，多半给人管理阶层明显偏向绩效的印象，不太容易找得到以"维持"为主流想法的组织。

然而，大家会这么想也无可奈何，因为以业绩导向逼迫部属的上司，比较容易在短期内获得成果，这样的实证也出现在许多研究报告中。

只不过，若看中长期的业绩，偏重 M 型的人，业绩贡献率会比偏重 P 的人更高。你的组织、上司或自己的管理方式，是否符合下页这张图？

在偏重 P 的组织加入 M 的要素，并且在不失去 P 的状况下，维持高水平，其实就是商业中体恤的真正意义。体恤（Compassion）有两个必须并存的要素，其中之一是对他人产生共鸣（理解对方的心情），另一个是理解他人后，做自己该做的事。

PM 理论：绩效 P（Performance）与维持 M（Maintenance）

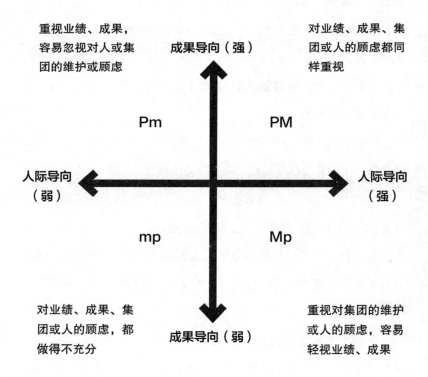

重视业绩、成果，容易忽视对人或集团的维护或顾虑

成果导向（强）

对业绩、成果、集团或人的顾虑都同样重视

Pm

PM

人际导向（弱）

人际导向（强）

mp

Mp

对业绩、成果、集团或人的顾虑，都做得不充分

成果导向（弱）

重视对集团的维护或人的顾虑，容易轻视业绩、成果

想想打从心底为你着想的父母或恩师。那既不是一种撒娇的共鸣或同情，也不是单向的斯巴达控制。以专业的角度获得成果、建构出更好的关系，关键就在体恤。

于是，我们发现滋养体恤的科学方法，便是正念。

正念产生的第九种能力：
专注当下、这个瞬间

到此为止，已经说明正念会带给我们什么力量。即便如此，应该还有人对正念的必要性感到怀疑。

我也曾被质问："冥想不就是坐下、闭上眼睛，注意呼吸而已吗？"越务实的人，越会这么想，这并不奇怪。冥想的练习，与在现代商业中的展现，就算脑袋想理解（不去实践），也会觉得两者的落差很大。

正念带来的效用

工作表现、领导力
· 给他人带来好影响
· 与他人的信赖关系
· 与自己价值观相通的组织愿景

组织表现
· 提高生产性
· 提升团队合作
· 超越既有框架的革新

身心的健全
· 超越小小的利害关系，拥有
　社会的大义自觉
· 不被每天的变动影响满足感
· 稳定的动机

如同之前提到的，正念能帮助我们洞察重要的事，这不仅能提高创造能力，也对与他人的良好关系大有裨益。生活中的一切，都以正念为前提，使我们对现在、这个瞬间，投注力量。

上页图，是从每个人的工作表现、领导力、组织表现、身心的健全性等方面，重新整理出的正念效用。

◆ 脑科学证明正念的效用

我们已经知道可以通过正念，开发理解与处理自己与他人的能力（EI）。但是从脑神经、脑科学的层面来理解的话，EI 与商业表现也有重大关系。

不过，脑神经与脑科学仍有许多未开发的领域。我们在不确定因素仍然很多的情况下，有一个已经很明确的重点，就是大脑拥有"神经可塑性"（Neuroplasticity），能够锻炼想使用的区域。

也就是说，传统的冥想，可以对大脑与心灵带来正面影响，这件事已经得到科学上的证明。而正念对工作上的操作系统（大脑）升级，也能发挥作用。接下来在第二章，我们就来看看大脑的特性，以及由脑科学看正念的可能性。

脑科学研究验证了
正念的效果

为什么正念可以直接并且正面地改变我们的大脑？

首先，我先谈谈自己遭遇过的事。1995 年，我住在兵库县芦屋市，经历了阪神·淡路大震灾。那时，我的大脑怎么了？收集了什么情报？又发出怎样的指令？就从这里开始说起。

当然，没有这样的经历是最好，但我希望能通过自己身上发生的事，让大家了解大脑运作的极限，以及开发的可能。

1995 年 1 月 17 日，凌晨 5 点 46 分，没有任何前兆，地震来了。到现在我还分不清楚是地动的声音还是爆炸声，总之，一阵很强的冲击力道把我吵醒。醒来时，房子摇晃得快把我甩飞出去，我反射性地从床上跳起来，手扶着寝室的窗框，拼命稳住自己的身体。

在那个时间点，我根本不知道，这就是后来的阪神·淡路大地震。何止如此，当时我连这么严重的摇晃，到底是不是因地震而起都搞不清楚。

那是个天色昏暗的冬日早晨，我一直在想究竟发生了什么事。接着，我便听到公寓发出很大的倾轧声，脚下开始激烈地左右摇晃。

"地震！"在我有清楚的知觉后，摇晃的程度进一步扩大：书架倒了；餐具飞出来散落一地，发出巨大的声响。

我的心脏跳动得非常激烈，但因为太害怕，身体僵硬得无法动弹。靠在窗边动弹不得的我，眼前看到因电线断裂爆出的四散火花，照亮了天空。

天才与凡夫俗子都无法违逆大脑的结构

在这个时候，我的大脑发生了什么事？我们按照顺序回头看一下。

我因为剧烈摇晃而醒来。"咚"的一声，震度7级的震动传到我鼓膜的瞬间，这听觉刺激就被传送到大脑的海马回。海马回位于掌管情绪（一时的激情）或感情的边缘系统（Limbic System）内，与记忆或学习相关。

海马回不只收集听觉，也收集了来自视觉或嗅觉信息的记忆原始资料；收集了黎明前的黑暗、窗外映出的闪光、公寓的倾轧声等记忆素材。

不管遇到怎样的事情，人类大脑的作业仍会非常缜密、按部就班地工作。

像这样收集来的信息，由同样位于边缘系统的杏仁核传播。杏仁核对海马回送来的五感信息做出反应，制造愉快或不愉快等情绪；不愉快的时候，会将战斗、逃走、僵住不动这三个指令的任一个，传送到大脑其他部位。

我之所以能在还不清楚是什么状况的状态下，从床上跳起来，是由于瞬间产生的极度不快，使大脑传送了逃走的指令。

接着，大脑的杏仁核由于首次经历的巨大地震，带来了恐惧与不安，这种不愉快，传送出让身体定住不动的指令，这便是僵硬不动的反应。就像我在自己的屋子里无法动弹一样，遇到震惊的事情时，有些人会无法动弹，这是因为杏仁核限制了理性的运作，使判断单纯化。

接着，我的心脏因为太过恐惧而激烈跳动，但心跳加速也是自己无法控制的。这一点，并非只有像我这种小人物才这样，即使是秦始皇或成吉思汗、拿破仑等历史上的伟人也一样。

因为杏仁核制造出来的情绪讯号，本来就是人类无法抵抗的。

当我在公寓的卧室受到地震冲击，大脑杏仁核送出的信息，会传送到位于间脑内的下视丘——这里是自律神经工作的地方。摄食、性冲动这种愉快的情绪，或是恐惧、愤怒等不愉快的情绪，都是在下视丘强化为身体反应。

我从床上反射性地跳起来、僵住不动、心脏剧烈跳动，都是自律神经之一的交感神经正常运作的缘故。

我在地震当时采取的行动，都是受到无法以自我意志控制的自律神经所支配的。

杏仁核的运作

前额叶皮质
Pre-Frontal Cortex
掌管理性思考的部位一旦
运作，便会被杏仁核取代

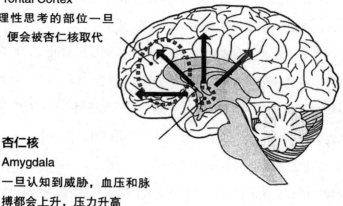

杏仁核
Amygdala
一旦认知到威胁，血压和脉
搏都会上升，压力升高

与大脑连带合作是必要之举

地震的瞬间，将大脑的运作加入科学香料调味一下的话，就是
"海马回 – 杏仁核 – 下视丘的连带合作"。边缘系统由非常复杂的
各种机能交错着，而这三者的连带合作，正是自原始时代起，一直
保护着人类的大脑中心。

如果没有这个连带合作，我们无法察知突然发生在身上的危险。

不要说从当下的体验中学习了，连得到教训都很困难。

杏仁核制造的愉快或不愉快的信息，会送回海马回，促使其强化为情绪记忆。当我们下次再遇到类似的场面时，能比上次应付得更好，这是因为恐惧与不安的记忆被深化了。

更进一步的食欲或性欲，以及其他强烈的感情冲动，也是通过这样的连带合作产生。因此人类会留下后代、生存下来，从敌人手中巧妙逃脱、战斗到底。在这个意义上，海马回、杏仁核、下视丘的连带合作非常重要，但这也并非全都是好事。

杏仁核制造出来的情绪回到海马回，通过海马回的学习与记忆，深深刻印在大脑的结果，有时会使我们从此无法自记忆中脱逃。

如同大家知道的，日本以很快的速度，从阪神·淡路大震灾中复兴。每个地区面对了各种不同的困难。以我个人来说，幸好没有太大的影响，我很快便恢复到原本的生活。

然而，大脑却有另一个故事在继续转动。

自从那天起，我对与地震无关的小小震动或声音，都变得极为敏感。一听到声音，我会心跳立刻加速，马上从床上跳起来。这样的日子持续了好几年。

以原始时代来说，假使你从食肉动物的威胁下成功逃脱，第二天仍觉得可能会再被攻击，所以产生危机感，这种连带合作对我们来说是必需的。然而，这种大脑结构，对于生活在现代的我们，有时反而是痛苦的来源。

因为保持在剧变的初始状态下的大脑，并不一定适合现代的生活。

我的经验也许是特殊状况，但在大脑运作的意义上，绝对不算特殊。即使不遭遇大地震，在更贴近我们身边之处，也潜藏着大脑运作带来的问题。

例如，"与蛮横的上司共事两年，每天都被他大声呵斥而感到害怕""在客满的电车上遇到色狼，恐惧、愤怒得发抖，却不能怎么样"，这样的体验，会深深刻入记忆，变成连带合作的重要原因。结果就是让人无法抹去"万一工作又不顺利该怎么办""害怕客满的电车或人潮"等想法，只要一点点刺激，便激起强烈的情绪，消耗身心。

如果冷静下来思考，你会发现即便是没什么大不了的事，身体仍显示出抗拒的反应，或是突然失去理智，这些都是无法用自己的意志，控制自律神经所发生问题的证据。

而这样的事，在我们身边正频繁发生着。

因为大脑的初始设定适合原始时代

人类自有历史开始，大约过了 200 万年[1]。智人（Homo Sapiens）的登场约在 25 万年前。

从那之后，我们的生活方式或价值观、社会规范一直在改变。从单纯层面来说，现在比以前更安全、更省力，在各种领域中也有共同的规则。当然，现在仍有人深受饥饿或战争、压迫之苦。

然而，在没有什么工具可用的原始时代，原始人跟现代人的生活，在根本上完全不同，这点我相信大家都同意。

智人在 25 万年前登场后，直到站在食物链的最顶端，约是 1 万年前的事。那时，地球才开始为人类所支配。进一步来说，"更安全、更省力，在各种领域中有共同规则"，是在 18 世纪中叶的工业革命以后，也不过是 250 年前左右的事而已。

如果把人类的 25 万年历史除以 100，人类变成世界中心以后的

---

[1] 关于人类的诞生有诸多说法，但 25 万年前出现的智人，被认为是最初期的人类。

历史，只占最后的 4%；演变为现代科技社会，则仅仅经过了 0.1%
的时间。

像这样把人类历史拉长来看，若说现代的我们，大脑跟原始人
一样，应该没有人能接受吧？也就是说，我们现代人经由自然进化
来更新大脑，时间上来说实在是太短。

这个结果，导致我们的大脑构造，仍然和与野生动物一起生活
在弱肉强食世界的祖先一样。

但是，处在加速进化的科技与全球化经济的时代，我们发现大
脑停在初始设定是有危险的。因为根据脑科学验证，持续变化的世
界（自己之外）与不变的大脑（自己内部）的扭转现象，变得清晰
可见。

生存在数字时代的原始大脑

我们重新回想一下原始人的生活环境：

- 经常被其他动物袭击。
- 经常有其他人类来袭或抢夺食物。

- 屋外的气温变化会危及生命。

- 食物供给不稳定，伴随着饿死的风险。

- 因为流产或早死都是理所当然的，所以会尽量多生小孩。

我们现在之所以能谈论这些，都是托祖先的福，他们当年从如此残酷的环境中生存下来。

我的个性温和沉稳，习惯礼让他人，但这在原始时代肯定难以生存。活在那个时代的人，面对外敌得有立即的反应，比方说逃得快，能因肾上腺素沸腾而果敢战斗，记得恐怖的体验而经常备战，比任何人都更快把食物吃完，性冲动比较强等。

就算你想否认自己与这些特征有多么不同，我们仍然继承了这样的 DNA。

工作中会突然情绪失控，拿部属出气；明明希望可以在工作跟生活中取得平衡，却为了抢下市场占有率，变成工作狂而回不了家；败给酒、美食还有异性的诱惑；虽然觉得不太好，但还是把时间浪费在在线游戏跟社群网站上；明明很害怕，却还是突然发火；很想装酷、耍帅，但内心其实非常不安；比起快乐的记忆，更容易想起痛苦的回忆；总觉得要以人身安全为优先，周遭一有变化就感到很烦……

生存在 21 世纪的我们，背负的问题大多不是因为喜欢或讨厌，

而是由于从祖先身上继承下来的大脑所致；持续变化的世界与一成
不变的大脑，这之间的落差使我们深受苦恼。

以正念作为更新大脑的手段，配合时代的变化与时俱进

如果就这么放着不管，大脑便会一直维持在原始时代。但是，
现在放弃还太早，因为大脑其实可以通过训练达到进化，而这个训
练便是正念。

通过正念，我们可以更新大脑，调整到最适合这个全球化与数
字化的时代。

"大脑也可以更新？"或许有人对此感到疑惑。这并非信念或
信仰的问题，完全是以最新的脑科学及脑神经科学、心理学为基础
的科学实践论。

为了解答你的疑惑，在此简单谈一下另一个大脑的领域——大
脑新皮质。这正是支持我们人类文明发展，比较新的部位。

大脑新皮质，掌管的是与事物相关的理性判断及以理性判断为
本的思考。只要看人类发展的历史，便能发现它发挥了很大的功效；
但它也有弱点，它撷取外界信息的速度，比边缘系统慢。因此，大

脑往往会因为先制造出来的（不好的）情绪，左右我们的言行举止。

阪神·淡路大震灾的后遗症让我深受其苦，就是因为大脑新皮质无法有效发挥功能的关系。边缘系统早一步撷取了信息，连带合作优先做出反应，才使这深刻的记忆折磨了我许多年。

冥想不能改变大脑的构造，但能改变连带合作

以大脑的构造来说，信息传递的顺序无法改变。然而，却可以影响大脑边缘系统的连带合作，制造或支配愉快、不愉快的情绪。甚至，能开发大脑新皮质的运作，使我们不再跟祖先有同样的反应，做出符合现代的判断。

继承人类25万年的传统，从科技时代主流中跃出的正念冥想，为大脑机能带来明显变化的学术报告，近年正以觉醒般的气势增加。英语文献中，就有数千篇论文或报告。并且，几乎每天都有新的资源登场，正念已经成为十分热门的研究主题。

这10年来，正念在商界或教育界，都是以美国为中心展开，这更加深了我们想以科学来理解冥想的想法。过去，大都认为冥想是属于宗教的东西，几乎不会成为科学调查的对象。宗教、精神的

世界，与重视测量、再现性的科学世界，是截然不同的范畴。

　　在科学上被视为禁忌的冥想，由于以下几位人物的发现出现了转机。

　　一位是以"全世界最幸福的人"名号著称的僧侣马修·李卡德（Matthieu Ricard）。他是拥有生物学博士学位的法国人，曾经是法国巴斯德研究院[1]的研究员。

　　他为什么会被称为全世界最幸福的人？这是因为，世界级的脑科学家实际验证他的大脑特性，显示他"最幸福"。

　　而负责验证的科学家，便是一直以来针对感情进行神经科学研究的李察·大卫森博士（Dr. Richard Davidson）。大卫森博士在哈佛大学取得学位不久，就成为威斯康星大学第一位感情与大脑的研究者。

　　40 年来，他自己也是冥想实践者。在哈佛时，因为想研究冥想，而向学校提出申请，指导教授却劝他"我不会说这不好，但你还是放弃吧"，于是他只好默默地持续冥想。

　　不久，李卡德与大卫森博士有了会面的机会。1992 年，大卫森博士被委托以科学方法分析冥想与其影响。

　　20 世纪 90 年代，是大脑活动的研究进步最快的时期。后来，

────────────

[1]　位于巴黎，进行生物学、医学研究的非营利性民间研究机关。

功能性磁振造影[1]（fMRI）以及脑波仪[2]（EEG）这两种测量器材登场；通过它们，人类第一次观察到活着的健康人类大脑内的活动实况。

顺带一提，过去脑科学都是以脑溢血等事故造成大脑障碍的患者，或是尸体的解剖作为依据。因此，不可能观察到冥想给活着的人带来的正面影响。

冥想者的大脑

2004 年，想用科学方式测量冥想效果的大卫森博士，终于实现了长年的梦想。他有机会可以测定有 1 万小时以上冥想经验，以马修·李卡德为主的僧侣的大脑。

实验中，为了加以比较，搭配没有冥想经验的学生大脑后，发表了调查结果（为验证结果所进行的实验称为"对照实验"，这些

---

[1] 利用核磁共振摄影法（MRI），检查与脑或脊髓的活动相关血流动态反应的检查方法，主要用于检查脑内特定的活动在哪里进行。

[2] 人或动物的脑波称为 EEG（Electroencephalogram），但记录这个电气活动的装置，一般也以此称呼。主要用于检查脑内特定的活动在何时、如何进行。

实验对象群组则称为"控制组")。结果发现，有冥想经验的人，在特定的大脑功能上更加活跃，且特定部位的皮质厚度也增加了。也就是说，在大脑的功能（运作）与构造（结构）两方面，有冥想经验的人与没经验的人（控制组），在科学上具有不同意义的差别。

这一发表引起了重大回响，以该调查为开端，科学与正念从此得到了联结。

在大卫森博士进行划时代研究的同时，从 20 世纪 90 年代开始，马萨诸塞大学医学院研究所教授乔·卡巴金，也深入研究佛教的冥想。

卡巴金博士研究与实践的最大特征是，他虽然以佛教传统为基本，却排除一切宗教性，重视实际性。以精神状况不佳的患者为对象，他利用冥想编排出"正念减压法"（MBSR）[1]，企图统一实践方法。

这使统计上的调查更容易执行，也使正念的科学研究更加速前进。

之后，仅 2014 年就有约 500 篇与正念相关的学术论文问世。在科学领域中，对正念的期待与注目，正在提高。

---

[1] 由五种冥想法构成，在世界各地的医院或诊所，以及冥想中心实施。

冥想越多，就越幸福?

借由大卫森博士的研究发现，拥有长时间冥想经验的人，大脑功能与没有冥想经验的控制组比起来，在与幸福感联结的运作上，有很大的差异。

并不是说有冥想经验的人，刚好都是很幸福的人，而是没有冥想经验的控制组，在各种条件相较之下，在统计上出现了有意义的差别。

现在我们已经发现，人类大脑中的前额叶皮质[1]左侧特定部位，比右侧更活泼，就会越感觉幸福。这便称为"向左倾斜"（Left Tilt）现象。

而大卫森博士的实验结果显示，马修·李卡德的大脑向左倾的程度，是其他人所无法比拟的。也就是说，李卡德感觉到的幸福，比任何人都强。从此，他便有了"全世界最幸福的人"的称号。

我们往往认为为了得到幸福，就必须拥有金钱、外表、人际关

---

[1]　前额叶皮质是指以人类高层次思想为中心的场所，在脑内成熟得比较晚。

向左倾斜（Left Tilt）

右侧
前额叶皮质

左侧
前额叶皮质

·左侧前额叶皮质的活动，比右侧前额叶皮质活泼，就越感觉幸福
·越有冥想经验的人，左侧前额叶皮质的活动就越活跃

（假说）冥想越多，越幸福

系、名誉、成就等，借由这些来自外部的东西，才能拥有幸福的人生。然而，大卫森博士的各种研究结果都表示："幸福就像学会弹乐器一样，是可以训练、习惯化的一种技巧。"他建议的训练方法，就是正念冥想。

即便得到巨大的财富，获得人人称羡的成就，只要内心感觉不到幸福，快乐便无法长久。

为了持续得到稳定的幸福感，而非因一时心情昂扬就结束的快乐，便需要相对应的训练。而这种技术，便是包含冥想在内的正念训练。

李卡德通过长年的冥想经验，提高了大脑左侧前额叶皮质的活跃度，并使自己获得了让右侧前额叶皮质的活动安静下来的能力（或许也可以说是脑力）。他从自己的内在产生并感受幸福的能力，比任何人都强。

每个见到李卡德的人，都对他那不凡的温柔体贴、沉稳的表情、罕有的幽默感而感到惊叹，完全被他的魅力所吸引。以 EI 研究闻名的丹尼尔·高曼（美国著名作家与心理学家），谈到他在机场与李卡德度过的三个小时说道："受到马修那种纯粹的喜悦的影响，时间真的是转瞬而过。"[1]

不仅是给自己，还能带给周围的人幸福，这就是李卡德的魅力。但是，那种魅力是所有人都能通过正念训练，开发出来的大脑机能。

用冥想战胜"注意力与时间的小偷"

在几所大学进行的研究也间接显示，通过冥想，不只能提升大脑机能，大脑的构造本身（被称为皮质的表面），也会增加厚度。

---

[1]　出自《Happiness 幸福的追求》（马修·李卡德著）中丹尼尔·高曼的序文。

　　拥有超过 1 万小时的冥想经验者，他们的大脑皮质被推算出厚度增加的，是藏在颞叶内侧的岛叶，以及前额叶额头最突出的部分与其上部[1]。

　　岛叶具有将身体发生的感觉讯号传递到大脑适当部位的功能。此外，右前岛叶也有对他人产生共鸣的功能；迅速察觉自己身上发生了什么事，并客观认知当时的感情能力，也就是所谓的直觉感受力。站在他人立场感受事物的能力，也与此部位相关。

冥想使岛叶厚度增加

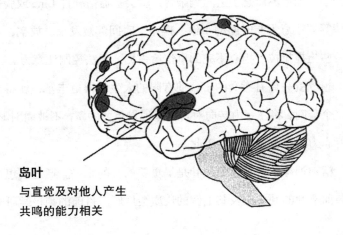

岛叶
与直觉及对他人产生
共鸣的能力相关

[1]　出自 *Sientific American*（《科学人》）（2014 年 11 月）。

例如，内心产生没来由的骚动不安，因而比平常更慎重行动，成功回避了重大失误；谈判时，凭直觉看出对方的想法，成功建构双赢关系等。像这样的事情，是在岛叶确实认知到身体感觉之后，才有可能做到的。

此外，前额叶最前端突出的部分与其上侧（Brodmann Area 9 与 10）[1]，是控制注意力的主要部位，自己的意识或注意力往哪个方向去、该如何掌控，都与该部位有关。

生在现代的我们，经常随身携带智能型手机或平板电脑，导致我们处于现实与虚拟世界的杂音之中，因此，想集中精神是极其困难的事。如果不以意识去阻隔杂音，就会被通信软件 Line 或脸书、推特等"注意力与时间的小偷"摆布，时间都被发呆、放空，或是被一些拖拖拉拉、担心不完的事情给占据，无法控制注意力。

想成就一件有意义的事，使有限的人生活得更丰富，就得在当下这个瞬间，将注意力转向对自己来说最重要的事；不被周围影响，用意志力将自我意识集中于此。

精神训练中，强化前额叶是最重要的目的之一。通过冥想，岛叶与前额叶的额头以及其上侧的皮质会增厚。目前的脑科学研究只

---

[1] Brodmann Area 是科比尼安·布罗德曼（Korbinian Brodmann）提出的新皮质领域地图。Brodmann Area 9、10，分别是背外侧前额叶皮质以及额极。

了解到这里，而大脑本身还充满未知之处。

这种通过正念去控制注意力，或提高直觉、共鸣力的应用面资料，也正在累积，研究者间也已经取得某种程度的共识。大卫森博士一方面提出研究的重要性，一方面将这良好的影响，以信念推广至世界。

连大脑的硬件也可以增强，正念被寄予很大的期待。

容易恐惧、发怒、多疑，代表你仍是一如往昔的大脑

大卫森博士在世界经济论坛中曾表示："冥想不是做了会比较好的事，而是应该要做的事。"世界一流的科学家，为什么可以如此断言？

首先，我希望大家理解，在第一章也叙述过，配合原始世界设定的大脑，在 VUCA 的世界中很容易显露弱点。变动幅度大、不确定性、复杂、就连问题所在都暧昧不清的现代，是充满压力的世界。

问题是，在变化激烈的现代，我们必须冷静面对，但大脑却以容易恐惧、发怒、多疑的操作为机制。恐惧、发怒、多疑的大脑，在原始时代有效，却不适合生存在高科技的现代。这个落差为我们

带来很大的风险。

例如，一直支持人类生存的大脑边缘系统，正好位于头盖骨的中心部位。这是位于食物链下方，所有小型哺乳类为了保护自己而发展的部位，也称为鼠脑。前面提到震灾后，一直控制我的杏仁核，便是掌控情绪的大脑边缘系统中枢。杏仁核会配合状况释放出多巴胺（为身体加上动机）、肾上腺素（逃跑、战斗的反应）、去甲肾上腺素（快乐、高昂的感觉），来发出讯号，结果就抑制了掌管理性的新皮质。

我们之所以会以自己合理的判断、直觉或感性为优先，而不是以理性为优先，便因为如此。这完全是因为人类的理性会被杏仁核挟持。

另外，杏仁核与情绪性记忆及学习也有关。人类会一直记住曾经遭遇的危险或讨厌的经验，也是因为杏仁核的作用。

被杏仁核劫持的功过

我们再多看一些关于杏仁核的紧急指令凌驾于大脑其他部位时，所引发的被杏仁核劫持的结构。

例如，你花了三天时间，拼命完成新产品的发布会资料，却被上司用一封电子邮件退回，要你重来；好不容易拿到合约，却因为产品来不及生产，而被顾客怒骂；为了跟客户亲自道歉，电动车又因为事故停驶，赶不上约好的时间；就在你忙东忙西的时候，又来了一堆催促信函，或是咨询信件；脑子里有一股血往上冲，眼前浮现客户发飙的脸；精神上被逼到无路可退时，才发现心脏跳个不停，脑子一片空白等等。杏仁核过度运作就是在这些时候。

上司退你的件、生产延迟、发怒的客户，这些事情本身并不会危及生命，然而，大脑却随着"糟糕了"的感觉，像在洞穴里突然遭到黑熊袭击的原始人一样，自动反应产生动作。

尽管引发情绪或产生冲动的大脑边缘系统，只能粗略分类为喜欢或讨厌，可怕或不可怕，但在理性发挥作用之前，感性早已过度反应。因此，杏仁核会瞬间发出电流般的讯号，抑制新皮质（理性），使肾上腺素等荷尔蒙分泌，促进血液流向肌肉，这便是为了要你快点逃走，或是快点备战。

生活在 21 世纪的我们，生活一样充满了许多问题。但这与祖先们每天直接面对生死攸关的恐怖体验，有根本上的不同。

可是我得反复强调，没有更新过的大脑，还是会为了生存，发挥同样的作用。

不少人把工作上的麻烦或情感纠葛，理解成攸关性命的大事，逼迫着自己。结果，导致自己无法发挥原本的能力把工作做好，还造成家庭或工作上人际关系的损害，搞得身心都是病。

所以，为了拥有幸福的人生，我们有必要充分理解大脑的风险，并且巧妙地回避。

让劫持停留在 90 秒内的方法

杏仁核（情绪）会比理性提早一步动作。该怎么做才能让我们在危机状况，或在情绪性的场合，发挥自己的能力呢？

压抑情感吗？不。讨好对方，避免争执？也不是。为了坚守自己的主张，以理论对抗？也不对。

我们发现，拥有超过一万小时冥想经验的人，让他们经历使女性惊声尖叫的可怕体验，他们的杏仁核反应，比没有冥想经验的人少。但一般人是不可能控制杏仁核反应的。

不过，虽然有 1 万小时冥想经验的人也无法控制杏仁核，但一旦产生情绪，他们却能借着更好的反应方式，来控制压力或冲动。

我们把没有控制的状态和控制住的状态，试着整理成五个阶段（请见下页图）。重点有两个。

大脑遭杏仁核劫持的结构

①将外界发生的状况，与过去的压力体验相比，在大脑边缘系统认定愉快、不愉快，安全、不安全的状况

②由杏仁核发号施令，分泌压力荷尔蒙与肾上腺素

③荷尔蒙的作用，使身体产生特定的变化

　※ 表情肌受到刺激；血压上升；心脏跳动速度加快；呼吸变化；肩颈的肌肉紧绷，但四肢末端无力等

④杏仁核对新皮质启动省能源模式，传送电流刺激，使新皮质功能低落，只能掌握粗略的状况

⑤陷入逃走、斗争、僵硬不动等，欠缺柔软度的行动模式

第一，我们认为情绪或感情，其实是在③发生的身体反应。换言之，情绪、感情这些东西，也是身体的经验。

第二点，从③到⑤产生的肾上腺素或压力荷尔蒙，在短时间内便会结束。这出现在脑科学家吉儿·泰勒（Jill Bolte Taylor）的名著《奇迹》（新潮文库）中介绍的"90 秒规则"。

"自发性动作（掌管感情）的大脑边缘系统一旦被启动，化学物质便会充满体内，直到从血液中消失无踪为止，一切在 90 秒内结束。

"例如愤怒的反应，就是自发性动作被诱发的程序。每一次愤怒被诱发时，从大脑放出的化学物质会充满体内，引起生理反应。从最初的诱发起，在 90 秒内，愤怒的化学成分便会从血液中消失，自动反应也会结束。如果超过 90 秒仍持续愤怒，是因为你选择持续这个功能。"

若着眼于情绪是身体的反应与 90 秒规则这两个重点，在自动反应的 90 秒结束前，人便能快速恢复冷静与原来的理性。

首先，我们必须锻炼能感应③身体发生的反应的感应器，借着意识到下意识所产生的身体反应（自我认知），使被锁住的新皮质功能（人类才有的理性作用）复活，以便正确理解状况。如此，便能采取适当的行动。

大脑的岛叶作用能让我们有意识地认知身体下意识的反应。岛叶就像精密的感应器，能捕捉身体发生的微妙变化，并将这些信息传递到额叶，进行适当的判断。

若将遭杏仁核挟持的自动程序更新为有意识的程序，方才的①～⑤便会如下页图示。

借着岛叶，可以将情绪反应为适合现代人的生理现象，而不是原始人那种攸关生死的威胁。就结果而言，压力减轻，额叶也能很快恢复机能，人便能做出更好的选择与行动。

正念使大脑进化

为了提高岛叶机能，以便掌握一瞬间发生的情绪反应，该怎么做才好呢？能够发挥的便是正念冥想。

通过冥想，可以提高岛叶与前额叶（特别是 Brodmann Area 9 与 10）的机能，在构造上增加厚度；在引发冲动或压力的状况方面，也可以快速恢复冷静，做出最适当的行动。

在马修·李卡德的研究中，我们已经很清楚冥想与幸福感的关系，也明白了现代人能从恐惧、易怒、疑心病重的原始人大脑"毕业"。我们期待正念能打开大脑下一次进化的大门。

大脑更新为新的程序

①将外界发生的状况，与过去的压力体验相比，在大脑边缘系统认定愉快、不愉快，安全、不安全的状况（同前）

②由杏仁核发号施令，分泌压力荷尔蒙与肾上腺素（同前）

③荷尔蒙的作用，使身体产生特定的变化

　　※ 表情肌受到刺激；血压上升；心脏跳动速度加快；呼吸变化；肩颈的肌肉紧绷，但四肢末端无力等（同前）

④将意识朝向③发生的变化，认知身体发生了什么

　　※ 使岛叶活跃

⑤杏仁核受新皮质传送的电流刺激，由省能源模式恢复为一般模式，由理性来掌握状况变为可能

⑥选择配合当下状况的合理行动

大脑还有许多未知的部分，在此以下页图做整理介绍。

81 页图是哈佛大学的莎拉·拉萨（Sara Lazar）等人，于 2011年发表的整合分析（将学术论文的结果加以分析）。我们从图中可以看到，现代的企业需要高度的事业革新，以及提升个人、组织的复原力。

例如，在复杂的商业环境下，由前额叶皮质负责的注意力，或是同时实现两种不同性质的概念（例如同时办到成本削减与质量提升），是非常重要的能力。并且，大脑基底核中心的直觉力，同样也不可欠缺。借由锻炼这些东西，掌握无法以道理说明的本质，以此导向企业的革新。

并且，岛叶会将一时涌起的情绪，与过去的经验联结，有统合感情的功能。提高这样的能力，或是维持前额叶皮质（PFC）执掌的自我控制力或努力，是增强领导者的胆识及复原力的基础。

在谷歌开发的企业人士导向领导力研习课程中，最受注目的 SIY，展现了大脑的 OS 最适化，只要看第 81 页图便能明白。

彼得·杜拉克（Peter Drucker，现代管理学之父）曾说："21世纪的领导者，最需要的是自我管理的能力。"如今，在美国以网络新闻之姿，气势凌驾于传统报纸之上的《赫芬顿邮报》则写道："能控制注意力的人，就能在 21 世纪生存。"

正念开发的大脑部位

岛叶
身体状态变化的认知（身体
的正念）、为情绪加上脉络、
五感与感情的统合镜像神经
元共鸣

前扣带回皮质
控制共鸣、决策、差别，或
争斗监控、思考时的通知

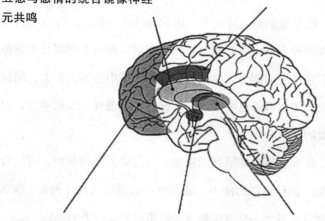

前额叶皮质（PFC）
实行功能、理论的决策计
划、维持两种迥异的概
念、警示—注意、持续性、
统合注意力、情绪管理、
自我控制、遵守规律

杏仁核
情绪、预知威胁、
恐惧、感情的记忆

大脑基底核
行动的选择、善
恶的直觉判断、
第六感

＊出自《正念思考如何发挥作用》（*How does mindfulness meditation work?*）
2011 莎拉・拉萨（Sara Lazar）等人的分析。

与正念相关的大脑功能

结构	大脑的相关部位	利用正念之后会如何
注意力的控制	前扣带回皮质	维持注意力，即使分散注意也能恢复
身体的认知能力	岛叶、颞顶交界处	认识内在的身体感觉（呼吸、感情、体温及其他）
情绪的控制	背侧前额叶、杏仁核、海马回、腹内侧前额叶皮质	正面地接受状况、不容易被冲动支配
自我认识	中部前额叶、后扣带回皮质、岛叶、颞顶交界处	柔软的自我认知、以对方的立场来看事情

＊出自《正念思考如何发挥作用》（*How does mindfulness meditation work?*）2011 莎拉·拉萨（Sara Lazar）等人的分析。

第三章

正念的练习：从舒服的姿势、10分钟冥想开始

正念训练是心灵的肌肉训练

终于来到实践（练习）篇。从现在开始，要教大家获得正念状态的方法，特别是有关冥想的方法。

乔·卡巴金博士研究正念科学 35 年以上，并在精神医疗领域中成果丰硕，他定义所谓正念状态就是："有意的，在现在这个当下，以不带评价或判断的方式，加以注意后浮现的意识。"

在这个定义中出现借由提高注意（力），创造出正念状态的程序，便是正念训练的基本。正念之所以被称为注意力训练，也是这个缘故。卡巴金博士一直采取同样的态度说明正念。

请想象左手拿着哑铃，训练上臂二头肌的姿势。卡巴金博士说道：

正念的训练就跟哑铃的肌肉训练一样。

伸出（左臂）的状态，是注意力松散，又或者是杂念涌现；然后缩回（左臂）的行为，就跟注意力回到呼吸一样。

（伸出左臂）注意力松散，（缩回左臂）注意力回来。注意力松散、回来，松散、回来，像这样一再反复。

　　重复这个动作，就能训练上臂二头肌。

　　上臂二头肌是什么？就是你自己的专注力。

　　跟锻炼身体的肌肉一样，持续锻炼心灵肌肉，会培养出专注力，也能学会把正念的状态内化。

　　这不单单只是比喻。将哑铃重复举上举下，便能锻炼上臂二头肌，肌肉本身也会变大；同样的，专注力这种心灵肌肉，也可以通过重复的训练锻炼出来，通过锻炼，可以使大脑活络，增加厚度。这一点，跟我们在第二章介绍的一样。

通过训练克服注意力散漫

　　如果没有特别去意识，人往往容易在意许多事，而造成注意力散漫，这称为"Monkey Mind"。猴子对于自己周围的物体或会动的东西，会马上转移注意力，很难专注同一样事物。

　　观察小孩也可以发现，这种注意力散漫的行为跟猴子一样。你以为小孩正在吃饭，然而他一下子便被电视转移注意力，再也不吃了。不久，他又忘记正在吃饭，开始玩起来。着迷某个玩具后，下一秒他马上又将注意转移到其他玩具上。

其实，大人也一样。例如，请你想象搭电车通勤时，拉着吊环的自己。原本看着眼前的乘客，下一秒却突然眺望起窗外的景色；不知不觉间，瞄到车内张贴的广告文字；才这么想，又开始想会议要发表的内容。

Monkey Mind 会成为问题，是因为注意力一旦散漫，就无法完成一件事。

集中意识于一件事，我们便能得到更大的成果。心灵肌肉帮我们将这些化为可能，而锻炼心灵肌肉的，正是正念冥想。

正念冥想的四个程序

接下来，我将解说正念冥想的程序，也会介绍实际训练时的顺序，希望大家一起体验。

◆ 程序①：注意呼吸

第一步是注意呼吸。

用自己觉得最舒服的姿势，坐椅子 1/3。确定姿势后，轻轻闭上眼睛，稍稍收起下巴约 1 厘米。如果对闭眼睛有抗拒，半闭也可以，视线往下移。

接着，将注意力转向一吸一吐的呼吸。一面呼吸，一面观察气息的出入。因为一旦有会动的东西进入视线，注意力便会分散，所以在还不习惯的时候，闭上眼睛比较好。

重要的是，不要去想"我要好好呼吸"这件事。

呼吸本来就是由自律神经（无法以自己的意志控制）掌管，不去管也能自行一吸一吐，这是人类极为优秀的自动操作模式。因此不需勉强自己去呼吸，只要带着好奇心，去体会这个完美的系统架构即可。

空气从鼻子进入又出来，我们从鼻尖或腹部，或是自己较容易感觉到呼吸的部位感受看看。用身体去感觉也无妨，意识到呼吸得时快时慢、时深时浅，享受这些瞬间。

也要注意吸气与吐气之间的空档。就像后面会谈到的，发现注意力分散时，意识到这个短暂的空档，然后修正，这也是一种复原法。

还有一种方法，是吸气跟吐气时，在心里念着"现在吸气""现在吐气"。也有人吸气跟吐气算成一次，然后数"一、二、三……九、十"，数到十后，再"九、八、七……二、一"往回数。如果数到一半，忘记数到几，就回到零从头开始。

这些都是扎根于佛教的传统方法，在此不深入讨论。大家可以试着每天都换一种使用方法，找出适合自己的。

习惯之后，就跟观察呼吸一样，去感受身体整体的感觉（皮肤表面或身体内部），以及内心涌现的想法或情感。

◆ 程序②：注意力分散

下一步是注意力分散。这并不是刻意地分散注意力，而是程序①想注意呼吸时，却在不知不觉间注意力分散，浮现杂念。

无论怎样将意识集中在呼吸上，不知不觉又会发起呆来，脑中出现许多念头，注意力便被这些东西夺走了。于是，一个念头又生出另一个念头，就像念珠一样，一颗颗串连下去。

对我们来说，持续关注一件事情，就是这么困难。

然而，我们也无须为了无法专注而感到苦恼。因为正念的第一个目的，就是即便注意力分散了，每次都能发现，并拉回来。这正是我们称正念为注意力训练的理由。

也就是说，在日常生活或工作中，意识容易散漫时，能经常将意识拉回重要的地方。

思考发布会资料，或是回想会议上的对话，脑海中各种想法浮现又消失；应该结束的工作却尚未完结，担心上司会因此指责自己；

或是很在意工作进度，部属却迟迟未报告而感到焦虑；又或者，虽然想注意呼吸，却觉得肩膀酸痛，应该是最近累积的疲劳所致，因此对保持相同姿势感到痛苦。像这样，一一列出后，你就会发现生活是如何被杂念所环绕的。

　　最可怕的是，你察觉不出那是杂念，于是杂念又生杂念，脑中变得全是杂念。如果在这样的状态下面对重要的工作，便容易发生失误，得不到期望的成果。

正念冥想的四个程序

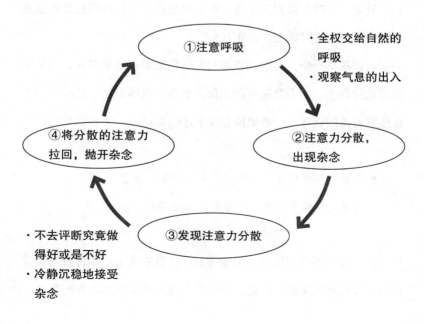

正因如此，对忙碌的企业人士来说，特别是连跟朋友排出见面时间都很难的高层管理者，更必须获得能专注于一件事情的正念。

◆ 程序③：发现注意力分散

正念的第一步是注意呼吸，但不知不觉间杂念涌上，让你开始想起别的事情（家里的事、公司的事、还没解决的事，或是胡思乱想）时，发现注意力分散，是很重要的一件事。因为如果能发现，便能恢复原状。

只是，有时虽然发现杂念，但你越想赶走它，意识越会被这些杂念牵着走。这时该怎么办才好？

假设在冥想中，你想到跟客户方的负责窗口意见对立，气氛变得尴尬这件事，因为是重要的工作，会在意也很自然。这时，为了将注意力拉回到呼吸，必须留心以下这些事。

- 不要责备浮现杂念的自己，并不判断、评价。
- 只要接受这个状态，并带着好奇心观察。

这部分若不实际练习，很难理解。或许有人会对不评价与带着好奇心观察感到矛盾，因此，请先像下面这样单纯地思考看看。

● 在人类的习性中，浮现杂念是很理所当然的事，这绝不是一件坏事。

● 但是，我是企图实践正念才坐在这里，所以不解释、不定义，先把浮现的杂念暂时搁置一旁吧。

在这里说的观察对象并不是自己，而是杂念涌现的状态。

如果注意力不够，杂念也会进入发呆、放空的状态中。若能提高注意力，便能分辨出浮现的杂念是你现在不需要的东西。

◆ 程序④：将分散的注意力拉回来

像这样切割杂念，就能慢慢减少被陆续浮现的想法或情感牵着走的状况。这么做，便能显示出你在不小心被杂念淹没之外，还有其他的选择。

这时，大脑正以非常快的速度进行信息处理，将这些动作放慢、转换成语言，就像这样的内心旁白：

像这样继续观察杂念也可以，不过，我也能选择把注意力转向其他事情。对了，现在我正在进行注意呼吸的训练。既然如此，我应该也能选择把注意力拉回来才对。我可以选择任何一方，但因为正在训练，那就回到呼吸吧。

这个"可以选择任何一方，但我选择这个"的部分，就是冷静抛开过去（被杂念束缚）的状态。

借由客观的观察，让头脑与心留白，发现自己有所选择，借此冷静沉稳地抛开杂念，便能有充分的余裕，将注意力拉回到呼吸。

正念冥想的实施顺序

◆ 步骤①：确认冥想的目的

终于要进入具体的实施顺序。在开始正念之前，我们先确认训练的目的。

你为什么冥想？

- 想减轻压力。
- 想找回心灵的平静。

● 想整理思绪。

● 让自己放松，得到明天的活力。

每个人的目的各不相同，但如果没有目的，便无法长久持续。

运动也好、减重也罢，或是参加考试、学习语言，有没有目的及意识的强弱，都会对结果造成很大的影响。

就算冥想的效果已经在脑科学上得到证实，若你只是漫无目标地做，将无法得到想要的成果。在进入冥想之前，每次都意识到自己训练的目的并修正，效果一定会更好。

曾有些学佛或禅的人问我："带有企图或目的去做，不就错了吗？"确实，在禅的世界，怀有特定目的去坐禅是不好的。特别是曹洞宗[1]的"只管打坐"，认为专注于"只是坐着＝坐禅"是基本所在。

然而，本书介绍的正念冥想，是让大家在日常生活或工作中，能有更好的表现，或发挥领导能力，以达到身心健康为目的的一种原则及训练方法。

因此，我们先除去传统思考中较深奥的部分。本书介绍的，完全是为了第一次接触正念、接下来想挑战的人，在日常生活中就能

[1] 禅宗的主要五个流派之一。

实行的冥想方法。

◆ 步骤②：用最舒服的姿势，坐在椅子上

说到冥想，可能会让人想象是盘腿坐在地上的打坐姿势，但冥想对坐姿的要求绝对不严格。有些传统宗教对坐姿有严格的规则，但我们为了在家庭或职场中也能方便进行，在此介绍使用椅子的方法。

首先坐在椅子上。请注意不要把背靠在椅背上，身体也不要往前弯。

找出身体最稳定的姿势，左右坐骨平衡，看看是否能支撑上半身。上半身前后左右摇动一下，找出最不勉强、坐起来最舒服的姿势。

你应该会感到坐骨被重力牵引的感觉，同时也感受椅子坐面的支撑。如果重力是一直线下来，往上伸的力量必然能发挥作用。坐骨上有骨盆，进而拉出向脊椎延续的线条。请注意，这不是你自己挺直背脊，而是"背脊自己挺起来"的感觉。

先暂时让双手自然下垂于身体两侧。我们在工作时，身体都会微微前倾，因此，如果有意将两臂往身体侧边伸直，会有胸口被打开的感觉。为了不让这种打开的状态消失，请将两肘置于身体两侧，

将双手放在膝盖上。

如此，自然深呼吸的姿势就完成了。

◆ 步骤③：慢慢闭上眼睛

选好最舒适的姿势后，慢慢把眼睛闭上。轻轻闭上也可以，微微睁眼也无妨。让视线朝斜下方，注视离自己前方一米处的地板。

◆ 步骤④：先做10分钟的冥想（重复四个程序）

按照刚才介绍的四个程序（①注意呼吸；②注意力分散；③发现注意力分散；④将分散的注意力拉回来），以10分钟左右的标准，持续冥想。

第一次练习的人，因为未曾感受过呼吸，对于将身体自然地交给呼吸，观察每个细微的瞬间或许会感到惊讶。不久后，你的注意力便会离开呼吸。

然后，你也能发现"注意力离开呼吸＝有杂念浮现"。

如果出现杂念，请客观地在脑中或心里，用身体观察这个状态。让注意力回到呼吸，不是勉强自己丢掉杂念，而是发现这个状态。就像安抚哭泣的婴儿，温柔接受，然后再慢慢让注意力回到呼吸上。

◆ 步骤⑤：最后做三次深呼吸

结束冥想时，用自己的速度，重复三次深呼吸。

深呼吸时要大口地呼吸。结束后，闭着眼睛的人，请慢慢睁开双眼，感受光线。

这个步骤是为了让初学者，在训练时区分出高低起伏才加上的，读者也可依自身判断，选择省略与否。

◆ 步骤⑥：回顾

冥想结束后，花点时间回顾这是一次什么样的经验。并在纸上写出下列事项。

- 我带着什么样的意图冥想。
- 这是一次怎么样的体验。
- 开始前和结束后的差别在哪里。

回顾不是为了自我评价，而是为了得到一些偶然的发现。

如此，对于第一章提到的作为领导能力基础的自我觉察，也就是对提高自我认知的能力，也会有所帮助。

不要太放松，也不要太僵硬

冥想的顺序如方才所述，但我们再补充几点注意事项。

首先是关于冥想时的姿势。如前述，在坐禅或传统冥想法中，对于身体应该保持什么样的姿势，都有详细规定。例如，曹洞宗的坐禅，对身体的姿势或位置，都有详尽的规则，在道元[1]记载的《普劝坐禅仪》中，连舌头该怎么摆都有记述。

这是经由长年经验，才培养出的适合长时间坐禅、冥想的姿势。然而，要做到这样的正确姿势，必须经过长时间的修行。

瑜伽姿势的日文汉字为"坐法"，但那种独特的姿势，也是为了长时间冥想所做的准备运动。所谓正确的姿势，并非一朝一夕就能学会。因此我们建议，姿势以不太放松、不太僵硬为基本原则。

所以，冥想时，无论是坐在地上、椅子上，或是站着都可以。

---

[1]　禅师，为日本曹洞宗始祖，曾至中国南宋习禅。

重要的是身体与心灵的适度放松。明明不习惯，却勉强像坐禅那样盘腿而坐；非要维持正确的姿势，结果让背脊、手臂、肩膀都变得僵硬，其实没有必要。

相反，因为太放松而导致有睡意或呆滞，也很难集中意识。保持适度紧张感的同时，头脑、心灵和身体都要维持在清醒的状态。

不要太放松，也不僵硬的适度状态，不是用大脑思考出来的，而是每天实践（练习）后，找出的最适合自己的平衡。

冥想时，遭到强烈睡意侵袭，或是真的睡着时，有可能是你姿势太放松了。背脊弓起来、肩膀缩着，身体往前倾的话，呼吸就会变浅，睡意便会来袭。这时，请有意识地挺直脊梁，把双肩往后拉。打开胸口，以便让肺吸进更多空气，因为氧气容易活络大脑。

此外，冥想中，有时会感到肩膀僵硬，背脊或腰腿疼痛。这种状况有可能是因为身体过度用力紧绷，或是姿势太勉强的关系。要知道自己是否采取了不必要的姿势，或是否用力过度，你得一面吸气、一面放松力量，根据身体状况或是感觉，将其改变为自己最舒服的姿势。

请观察自己的身体状况，配合调整成不太放松，也不太僵硬的姿势。

调整身体、调整呼吸、调整内心

冥想时，虽然没必要勉强自己采取传统的正确姿势，但在此仍介绍有利于维持良好姿势的日本禅方法，那便是"调身调息调心"。意思是身体调整好，呼吸就会得到调适；调整好呼吸，方能调整好内心。

感受自己的身体，保持舒服的姿势，并做到自然呼吸，如此便能使心情平静，保持安定的精神状态。注意姿势、呼吸的话，内心的平稳也会随之而来。这一连串的流程，都是提高注意力的训练。

呼吸不沉稳、维持不自然的韵律感时，有可能是某个姿势太勉强的缘故。这时请确认肩膀是否太用力，或是背脊是不是弓起来了，重新调整手或脚的位置及身体姿势，呼吸就会平稳，整个人也能变得比较轻松。

当你感觉无法投入，很难集中精神时，有可能是因为呼吸没有调整好。在不勉强的范围内，慢慢吸气、吐气。不要试图用大脑去控制呼吸，也不要想必须好好呼吸，一切交给身体。这么一来，心情也能慢慢平静下来。注意呼吸，便能提升内心的专注。

内心调整好，表情也会好

越南禅僧释一行大师，在 20 世纪 80 年代来到日本，曾在谷歌指导正念，那时是负责谷歌招聘的中野民夫[1]，在担任本公司的讲习特别来宾后，留下了以下评语："用调身调息调心来调整内心，之后会怎么样呢？某位禅僧曾说'表情会变好看'。确实表情会变柔和，也会浮现微笑，这就是调颜。"

这段话看起来像是随性的见解，但却隐含深意。

眼睛会说话、表情阴暗等，言语中有许多展现表情与内心的说法，代表心与脸的表情是联动的。如果调整好心灵，表情也会变得更温和。

在指导冥想时，我发现有些人表情很僵硬，眉间挤出皱纹，看起来很紧张的样子。表情的僵硬程度，显示出内心的顽强。用别的角度来看，想知道有没有调整好心理，只要观察表情就可以了。

眼神是否紧张、脸颊有没有僵硬、嘴巴是否用力紧闭，在冥想

----

[1]　工作坊企划制作人，追求至高的幸福与社会变革。

中如果感觉到紧绷感，吐气时请一并将这些紧张与紧绷缓解开来。

有些人由于长年站在商场的第一线，导致持续的紧张感，因此脸部肌肉固定为严肃的表情。领导者虽然有必须要严格的时候，但若因表情而常让对方感到紧张的话，就要检讨了。能调整身体、呼吸、心灵的冥想，一定能让紧张的心情得到缓解，并使表情变得柔和。

从一天 10 分钟开始

关于正念训练，我经常被问到的问题是："以怎样的频率实施？""要花多少时间？"

读到这里，大家应该能明白，正念并不是以读书、研习或上课得到知识为目的。它需要通过实践去磨炼，以便在日常生活中维持正念状态，或是能自在地回到正念。

所以说，正念就是实践。我们的终极目标是在 24 小时内，都能维持在正念的状态。为此，除了实践（练习），没有其他方法。

理想来说，训练必须每天进行。可以的话，每天花 30 分钟来冥想。然而，对于现在才开始练习的人来说，每天花 30 分钟或许是件很困难的事。因此，可以先从每天 10 分钟开始。如果还是很难，

5 分钟也无妨，请以每天持续为目标。

我们主办的研习或企业研修，最重要的先决条件，就是习惯化。首先持续 3 天，时间不长也无妨。接着是 1 星期，再进步到 1 个月、3 个月……慢慢拉长时间。总之，每天持续才有意义。

无论如何都很难维持每天冥想的人，或是某天实在做不到时，希望你能想起这句话："只做一次呼吸也好。"

这是目前谷歌开发出 SIYLI[1] 的 CEO 马克·雷萨的建议。即使只是一瞬间，也能意识到正念带来的动机。如果将意识集中，尽力品味那一次的呼吸，那么，仅仅一次的呼吸也有意义。

引进正念的 Ap Company 执行董事纲岛恭介，将这种体验叙述如下："习惯冥想后发现，如果不每日实践，就无法整理好自己的状态。如果不冥想，便找不回原来的自己，觉得状况不好。站在负责人的立场，对公司来说，或者对自己的组织或部属来说，将自己维持在良好状态，就是必要条件。到现在，正念已经变成能让我维持在良好状态下不可或缺的工具，我每天都必须找出时间冥想。"

就像把跑步、瑜伽、上健身房变成习惯一样，不只脑袋理解，在身体层次上能感觉到效果更重要。只要身体看得出变化，便能提

---

[1]　正式名称为 Search Inside Yourself Leadership Institute。这是为了将 SIY 课程提供给谷歌以外的人，由陈一鸣设立的组织。总部在美国旧金山。

高持续下去的动机。然而，大部分人在看出变化之前就放弃了，所以无法实际感受到冥想的成效。

正念状态不仅能使人感觉良好、舒适，还能借着维持正念，让工作或生活产生变化。

将冥想放进生活节奏中

除了训练的次数或时间，还有"什么时间做比较好？""推荐什么时段？"这样的问题。

我推荐的时间是早上刚起床时。早上起床后，盥洗完毕，在家中找一个自己觉得最舒服的地方。特别是早上 4 点到 6 点左右，在这个世界尚未醒来，也没有太多杂音的时候，是可以专心冥想的时段。

虽然时间可依季节或场所、房间方位而定，但黎明朝阳升起的时候，空气特别干净，这时可以让全身沐浴在神圣的阳光下。在早晨、每天一开始的时段，用正念把自己整顿好，便能以更清明的头脑与心灵，展开一天的生活。

当然，平常也有早上抽不出时间的人，我推荐他们在晚上就寝前冥想。在晚上就寝前冥想，能提高睡眠深度，这样，第二天早上醒来便有神清气爽的感觉。

这里我们介绍了起床后与就寝前的时段，但也不一定要受此限制。什么时候、任何地点都可以冥想，这也是正念的好处。

在确保时间、地点后，请尽量实践这项心灵工作。特别是在工作的空档，花个 5 分钟冥想，醒脑的效果特别好。

商业人士一进入工作模式，经常处于想事情的状态。比方说午餐后或是下午 3 点的午休时间、会议与会议的空档，甚至是在傍晚，还想再做一些工作的开关打开前，冥想都能让身心恢复清明。

正念的状态，就是让繁忙生活中烦躁的自我归零，将头脑与身心整顿得清爽平整，随时都能让自己恢复原本的状态。如果在工作时间中，也能用短时间来实践正念，找回原本的自己，更能提高工作效率。

不对自己做评价，就没有所谓的不顺利

如果问刚开始冥想的人有什么感想，很多人都会吐露不安："不太顺利。""我也不知道这样做对不对。"

因此，请你回想卡巴金博士所说的："有意的在当下这个瞬间，

不带评价或判断，加以注意后，浮现的意识。"

"不顺利"这句话，与正念的定义相比，你有没有发现什么？所谓不顺利，不就是对自己本身的行为做出评价、判断吗？

重要的并不是觉得顺不顺利，而是观察自己的状态，发现注意力分散与杂念涌现。发现后，再将注意力转向呼吸。

我们都有一个毛病，就是喜欢对自己的行动做出成功、不成功的评价。这些是无意识间做出的自我评价，但评价并不是贴上标签就结束了。

在正念冥想时，也要察觉出自我评价的状态，并且冷静观察。

自我觉察，是注意力被锻炼出来、酝酿出的一种自我认识。而这些都将成为领导力的基础。

各种正念实践法

◆ 注意力训练①：快速身体扫描

正念，除了观察呼吸之外，也有观察身体的方法，这方法也很普及。

在此，介绍乔·卡巴金博士提出的"身体扫描"（Body Scan）的简易版冥想法，就是能简单实行的快速身体扫描（Quick Body Scan）。

快速身体扫描就是将注意力转向自己的身体，特别是头、心、身体的部位，并观察这些部位发生了什么。像是把自己的身体扫描一遍的感觉（另外，非快速的身体扫描，所需时间约 45 分钟，需慢慢仔细观察身体各部位），所需时间则依状况而定，短则 2 ~ 3 分钟，长则 15 分钟左右。下页图介绍扫描身体各部位的顺序，你也能自己安排观察各个不同部位。

观察呼吸跟观察身体，哪一种比较容易，则是因人而异。初学者可以两种都试试看，选择自己做得顺手的，持续下去。最重要的是每天实行，所以请找到最没有压力的方法。

顺带一提，有报告显示，观察身体的正念训练，对运动员的伤害预防，也很有效果。

◆ 注意力训练②：正念步行

目前为止我们介绍的都是坐着进行的训练，但其实正念并不一定要坐着。第一次听到的人，也许会很惊讶。其实边走边冥想，或

快速身体扫描的步骤

①如同正念冥想一样，椅子坐浅一点，采取自己最舒服的姿势

②轻轻闭上眼睛，隔一会儿后，意识呼吸，整理自己的头脑与心灵

③将注意力转向头顶到头部表面。观察头发接触空气、头皮或发根的感觉等

④将注意力转到头部、喉咙或颈部。脸部接触的空气、眼皮的振动、支撑头部的颈部触感等等

⑤把注意力转向观察肩胛骨、背部。能否感觉到肩膀僵硬或疼痛，可能因人而异。此外，有时候也可随着呼吸的动作，感受肩膀或背部

⑥把注意力转向胸部，观察产生的任何情绪

⑦注意腹部，如果可能的话，也将注意力转向内脏。这时如果产生任何情绪，也要观察

⑧最后，以自己的速度，反复吸吐数次，结束后慢慢睁开眼睛，意识回到现在所处的房间

是边吃边冥想也可以。

如果只是阅读说明文字，大家可能会觉得正念步行相当不可思议。若在研习会场练习倒也无所谓，但突然在人前这么做，会有人感到不习惯。但一旦做到了，便能将正念融入走路或吃饭这些日常生活中。

正念步行[1] 就是步行冥想。如其名，意思是走路的同时，提高对此时此地的注意力。以缓慢的步调往前走，同时观察步行中身体的动作。速度感请想象太极拳的慢动作，用那样的速度，缓步慢行。

习惯后，也要观察膝盖或股关节前后左右的动作。不只是脚，腰也一起连动，你应该能感觉到两臂、两肩动作时，位于身体中心的胸部也会跟着动。

像这样，走路这个行为，是身体各部位同时运动才成立的。因此，要注意的地方很多，但一开始，先注意脚接触地面再离开的脚部动作就可以了。

当你习惯后，不只是脚，你也会注意到步行时与脚连动的其他部位。一开始或许会觉得奇怪，但做了之后，也有人觉得与其坐着冥想，不如让身体动起来。

---

[1] 也称为 Walking Meditation，在传统的修行中称为步禅或走路禅。

正念步行的步骤

①由于一下子要在外面行走，十分需要勇气，因此可以先设定在房间内。因为步行速度缓慢，所以即使是狭小的房间也能实行

②以普通的站立状态，确保能走数米的空间

③缓缓吸气，再慢慢吐气，这样当作呼吸一次，配合呼吸往前走一步（像打太极拳的缓慢节奏）。从哪一只脚开始都可以

④仔细观察伴随着呼吸的步行动作

（例如）

· 抬起的右脚

· 身体微妙的平衡变化

· 脚慢慢靠近地面的感觉

· 脚底抓地时的触感

· 重心逐渐移转的感觉

· 连续运动时左脚的变化等

⑤回到步骤③，进行下一次呼吸，并再往前一步

⑥回到步骤④，仔细观察身体的动作（重复几步一样的动作）

◆ 身体或行为的注意力训练③：正念进食

我们对企业人士实施正念研修时，尽可能会在午餐时间排进吃饭的正念，即正念进食。正规的正念进食，时间需要30分钟到1小时。

以大型广告公司的管理层为对象进行的研修中，有关正念进食，我们得到了以下回响。

平常吃得完的便当，只吃一半或吃到四分之三左右，就已经有饱足感了。

总是不多加品尝就吃完的便当，今天能很清楚地分出咸淡。

发现食材的颜色多彩，配色很漂亮。

若在正念状态下进食，注意眼前的食物，便能体会到与平常不同的用餐体验。此外，只要5分钟就能感觉，这与平时匆忙的饱餐一顿，或与同事、客户一起用餐很不一样。

正念进食，在谷歌也以正念的变化版实施中。这跟坐着冥想一样，并不单纯只是为了恢复精神，或为了休息才做的事。另外，正念进食在减重效果上，也已经有实证报告。

正念进食的步骤

①午餐（早餐或晚餐亦可）时间，抽5～10分钟训练。事前先调整呼吸约3分钟（基本的正念冥想），或是把注意力转向身体的快速身体扫描

②从眼前的菜单开始，选择一个对象食物，先用眼睛眺望、观察。用筷子或叉子取用后，再从各种角度观望。把自己所有的注意力，都转向这个对象食物

③在感受食物重量的同时，闻一闻伴随味道所产生的想法或感情（好像很好吃、想赶快吃），同时观察身体反应（流口水、嗅觉受到刺激等）

④注意正要将食物送进嘴里的手及手腕动作，缓缓将食物放入口中

⑤食物放到舌上的瞬间，集中意识，观察舌头或身体涌现什么样的感觉

⑥允许自己开始咀嚼。若有想咬的冲动，就去感受它，同时慢慢咀嚼对象食物。观察牙齿碰到食物的瞬间，或在口中咬碎的变化等

⑦进一步意识耳朵，可以听见咀嚼食物的声音。仔细听一下口中发出的声音

⑧在用视觉、嗅觉、味觉、触觉、听觉这五感品尝对象食物后，才吞下。这时也要感受食物如何从口中送进喉咙深处，通过食道，抵达胃部等的一连串动作

◆ 注意力训练④：标签化

前面已经叙述过，在注意呼吸的冥想中，有一种方法是在心里念着"现在吸气、现在吐气"。如同这样，将正念步行或正念进食的样子在心中现场实况转播，也是一种方法。

例如，配合正念步行，在心中转换成语言"现在我在走路""现在我的脚正要碰到地面""现在脚碰到地面，踩着地面"。当下产生的心情或感觉，也是实况转播的对象。

配合正念进食，喝茶的动作便是"我现在把装着茶的杯子举起，送到嘴边""杯子碰到嘴、杯子倾斜、茶送到嘴边""茶流进嘴里、喝下去"，像这样把这一连串的动作，用现在进行时表现出来。

用言语定义行动、想法或感情，我们称之为标签化。

重要的是，用现在进行时来表现。用"我现在正在……"来表示正在进行的行为，在当下、此刻锻炼正念。

刚开始标签化时，像坐着冥想、正念步行或进食一样，一旦习惯，暂时将日常的一般动作置换成内心语言，便能将自己拉回当下该做的事。

即使并非处于那么重要的场合，标签化对于整顿已经散漫的心情也很有帮助。例如，在通勤电车中，"我现在正抓着吊环""我在看车厢内广告，正在看""我正在听车内广播，正在听""一个漂亮的女性（或帅气的男性），吸引我的目光，正吸引我的目光"。

第四章

用正念练习过每一天，
你会怡然自得

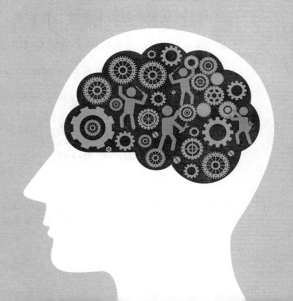

如同我们在前一章最后提到的，正念训练可以在日常生活的各种场合中实践。因此，本章将从一天的开始到结束，介绍在各时段都能轻松做到的训练。当然，大家不太可能从一开始就做到完美。首先，从你做得到的，从有兴趣的部分开始试试看。

早晨 5 分钟，改变你的一天

一天是从早上醒来开始的。在东京都内工作的商业人士，平均起床时间是 6 点 52 分[1]。在醒来的瞬间，立刻就有训练正念的机会。

醒来后不要立刻起身，先感受一下躺着的身体。一面感觉重力，注意力一面从脚趾尖到下半身、上半身，并渐渐往头部去。这过程只需 30 ~ 60 秒，随着呼吸去感觉身体正在醒来。

时间充裕的话，从床上起身到站起来的动作，也要像正念步行般，慢慢地一个动作、一个动作去意识。每天重复、持续地做，不久后，你就会对今天身体也能动，这种理所当然的事心存感激。

即使只是起床时的两三分钟，也能成为锻炼大脑的特别时间。

---

[1] 出自《平成二十三年（2011 年）社会生活基本调查》（日本总务省）。

不是开始一件新的事，而是稍微改变平常的习惯

从床上或棉被里爬起来后，刷牙、洗脸、做早餐、吃早餐、把垃圾拿出去倒等，也可以配合你的习惯来进行训练。

例如洗脸时，有意识地扭开水龙头，感觉水的冷冽，体会手掌充满水的感觉，慢慢泼水，然后把眼睛、鼻子、脸颊、嘴等部位的触感，合而为一。意识以往视为理所当然的事，这多少会花费些时间，但即便如此也要尝试看看，这顶多多花你 1 分钟的时间。

我们常听人说"创造新习惯"这种话，但即便是以前没做过的事，也不容易变成每天的习惯。正念训练是利用你既有的生活习惯，所以，比从零开始的新事物更简单。

用冥想应用程序，让通勤电车也很舒适

洗完脸，吃过早餐，一切准备就绪后，便可以出发上班了。

通勤到东京都内上班的人，平均单程花费时间约为 58 分钟[1]。也就是说，来回约需 2 个小时。如果把这段时间看成单纯的通勤地狱，那么便是人生的一大损失。所以，大家才会用智能型手机看新闻、听英语教学录音、看书或杂志，用各种方法有效运用时间。

实际上，施行正念研修的企业领导者中，也有人想有效利用空档时间，因此下载了自己喜欢的冥想引导音乐，或是利用智能手机内下载的冥想应用程序，一面冥想，一面搭车。

前述 Ap Company 的部长天野裕人便说："养成习惯的话，就算电车摇摇晃晃，拉着吊环站着，也可以进行正念训练。"

抛开冥想要坐着进行的既定观念，创意便能一下子扩展开来。

跟家人同住，特别是有小孩的时候，或许很难找到一个人独处的时间和场所来冥想。这时就十分推荐各位进行通勤冥想。

我也是在一个人搭电车时，若搭车时间超过 5 分钟，便会打开喜欢的 iPhone 应用程序［我推荐"云堂"（undo）或 Mindfulness（英语版）］，把到下车为止的时间设为冥想时间，从而享受正念时光。戴上耳机，闭上眼，感受着呼吸，创造出虚拟的自我空间，便能集中精神。

---

[1] 出自《"通勤"的实态调查》（2014）（At Home 株式会社）。

自行车通勤、徒步通勤也能冥想

近来，以自行车通勤的人似乎增加了（我也是骑自行车），若是骑人体工学性高的自行车，更容易进入正念的状态。

如果在前往公司的途中，有时间一一感受骑着自行车的感觉，或是感觉路面的触感、操作自行车的感受、身体与自行车结合的感觉，然后是进入视野的风景与声音……通勤时间全都能包含在正念里。

不过，正念不是集中于一点，而是专注于某件事情的同时，又能意识整体的一种开放式状态。

这很难用言语形容，因为集中注意力与分散注意力，是相随相伴的。武术达人在注意对手的同时，还能察觉背后来袭的敌人，那种状态才是真正的正念状态。因此，正念自行车通勤，也是最好的安全驾驶。

如下页图，在更短的时间内，例如等待红绿灯停下来的时候调整呼吸，也是立刻能做到的正念实践法。这样的话，不只自行车通勤，从住宅走到车站、车站走到公司也能练习。意识停下脚步的自己，只感觉呼吸。试试看这种随时、随地，都能立刻做到的短时间冥想。

等待交通号志时的正念步骤

①把注意力转向自己停下脚步的身体，感受重力或路面的支撑

②察觉身体正在反复呼吸，将注意力转向呼吸

③感受呼吸的同时，观察通过五感进来的一切，注意完就抛开。浮现杂念的话，也是发现了就抛开

④再一次把注意力转向身体的感觉与呼吸

开始工作前的时间使用法

接着，就是早上上班的场景了。总是在工作开始前才匆忙赶到的人，如果能有更充裕的时间，就能实行更多种正念训练。

例如，看着每天早上跟你说早安的警卫，也回他一句早安。都说打招呼是一切的基本，只要让所有员工都能认真看着对方打招呼，

公司的氛围也能有很大的改变。

　　我到举行研修课的公司大厅等待早上第一堂课时，都会仔细观察他们的员工。很遗憾，能好好打招呼的公司并没有那么多。还有，在入口或玄关，有意识地仔细端详公司的广告牌或标志也不错。或许能因此想到平常没有意识到，蕴含在设计或文字中的点子。

　　在搭电梯移动的短暂时间，也是实践正念的机会。身体感受电梯上升的感觉，并与这个动作合为一体，也是一种正念训练。

　　一面感受身体内高涨的"现在要开始工作"的感觉，一面提高工作意愿，这是工作前很好的暖身运动。

　　从更衣室走到运动场内时，一面走，一面提高士气的足球或棒球选手，也做着同样的事情。在紧张感高涨的瞬间，选手若还在为上次的失败介意、懊恼，或是想着今天比赛完要去吃什么等和比赛毫不相关的事，便不可能会有好的表现。

　　对我们商业人士来说，每天的工作就跟运动员的正式比赛一样，都要集中意识去面对。

开会前，所有参加者都要冥想 5 分钟

接着，我们来看看开会时的场景。

只要是以组织或团队进行工作，就不可避免地需要开会。职场中，应该有不少人花了相当比例的时间在会议上。当中也有人每 30 分钟就有一场会议，如果不一个个逐渐消化，可能连处理分内工作的时间都没有。

在准备不足的状态下，进入下一场会议，便容易产生无法发言，或一直在意上一场会议中被上司指责而无法回神的问题。

此外，在会议中打开电脑放在桌上，一面看资料，一面开会的情况也增加了。这么一来，就会有需要回复的电子邮件或短信等，甚至是会议时不需要的东西，也会不小心映入眼帘。如此便更无法专注于眼前的会议。即使在会议中，出现心不在焉、坐立不安的状况，也不稀奇。

如果只有一两个人不留神也罢了，若是大部分的与会者都无法专注于议题，那么又何必特地拨出宝贵的时间来开会呢？会议变得不知为何而开，也令人无法期待组织的表现。

一个让参加者专心，具有高效率、高生产性的会议，其先决条

件是每个参加者都得找回正念。

我们在序章介绍过的谷歌 gPause，也支援会议。我参与经营的 Brown Sugar First[1]，在每周的全体会议开始前，都会实施 5 分钟左右的冥想（注意呼吸）。

暂时关上电脑，停下手边的工作，把注意力转向呼吸或自己的身体状态，调整好头脑和心灵之后，再开始进行会议。

此外，我们在做这件事时，还费了一点巧思——闻着自己喜欢的香味，能更进一步导入正念，恢复精神。

在会议中途或最后调整呼吸

会议中，有时会出现意见不合，或归纳不出结论的时候。这时，在领导人或会议主导者的判断下，进行与开会前一样的短时间冥想，也很有效。感觉疲劳的时候，稍微放松一下身体再做。即便不称其为冥想，只是定位在调整呼吸的程度也可以。

若能在最后，大家一起配合呼吸，再结束会议，便能各自带着

---

[1]　输入、制造、贩售有机食物的公司。因将优质的椰子油介绍到日本而闻名。

好心情迎接接下来的工作。

这里介绍的方法，不仅限于在公司内部的会议或部门会议中使用，在重要的洽谈会或是发布会之前使用也很有效。

用一杯水找回专注力

我们在前一章介绍过正念进食。若能在午餐时间实践，当然很好，但多数人多少仍会在意旁人的眼光，且在嘈杂的餐厅里，也很难集中意识。

因此，为了能随时随地正念进食，告诉大家一个简单的方法。

例如在公司员工餐厅里，你一如往常匆忙地吃着午餐，就算今天想一个人吃，若同事或上司在附近，也不太方便正念进食。

这时，只要你闭上眼睛，把杯中的水，慢慢含一口在嘴里，静静地喝完，就能毫不怪异地实践正念了。想着这一杯水就是支持你一整天生命力的水（夸张地想），同时充分地品味那一瞬间。

水的温度通过喉咙，然后浸透全身的感觉等，品味这些感受，就算只是一杯水，也能创造出正念。如果时间再充裕一点，又或是一个人时，请一定要试试正念进食。

会议的正念步骤

①在会议桌上调整呼吸,电脑也要暂时关闭

②时间为 3 ~ 5 分钟。时间不够时,1 分钟也可以

③全体参加者要抛开自己对对方的评价或判断

④带着让会议更有效果的意图,感受现在、此刻

⑤由领导者负责引导进行。在参加者对冥想熟悉之后,负责引导的人可以轮流担当

这么做,在吃到添加物或油脂过多的东西时,他们马上就能发现这些是他们不想吃到的东西。或许,这也是一个重新看待不可避免的不规则进食,或仰赖垃圾食物生活的好机会。

另外,累积精神压力、工作疲劳时,适度地摄取糖分对于缓解压力也很有效。

我们在会议中或是企业研修时,都会准备一小块巧克力,不过这时既要感受"巧克力进入身体,会帮助我放松"的感觉,也要充分品尝那一小块巧克力。这也有预防吃太多的效果。

放着不管，呼吸会变浅

在此介绍一个比前面的日常训练更简单的方法，就是检视自己一瞬间的呼吸。这样即便平常在办公室，也能马上做到。

一天当中，你有多少时间会意识自己的呼吸？还没有采取正统冥想的人，可能从来都没有意识过。

这样的人，就从意识呼吸开始吧。自己的呼吸是浅是深、是慢是快、感觉如何等，就像女性经常照镜子、检查妆容一样，确认自己的呼吸状态。平常多留心，便有助于提高实践正念的意愿。

特别是在工作负荷太重造成身心疲劳累积时，或是在午后到傍晚，疲劳开始出现时，希望大家能有意识地去做这件事。

以下是在线教育事业 Recruit Marketing Partners 在讲习时，某位女性主管的感想：

自从我工作以来，说不定应该是懂事以来，第一次意识到呼吸这件事。而且，也理解到自己平时的呼吸有多浅。光这一点，就是很大的发现。

如果平常没有意识，便容易呼吸得浅且快，呼吸没有调整好，便很难保持心情的平静。

可能也有人担心，因为呼吸太简单，所以自己很快就会忘记。这样的人，我推荐利用智能手机的应用程序，事先设定好定期通知。

感受职场的呼吸

当你开始习惯意识呼吸，接下来就试着去感受职场，或是感受在你身旁的人的呼吸。利用智能手机的应用程序，检查自己的呼吸后，稍微环顾一下四周，便能感受当下现场的空气。

成语中有"声气相投""气息相通"这种用呼吸来形容良好关系的话。如果彼此能结合为良好的信赖关系，成为气息相合的团队，就很容易创造出成果。

然而，若关系良好的团队中，有任何人陷入压力爆满的状态，浅的呼吸也可能很"合"。我们在第五章将详细说明，人的意识或状态会如何传染给身旁的人。

因此，企业领导人若希望创造更好的职场，在调整呼吸的同时，也要去感受成员的呼吸，这一点很重要。可以参考以下流程（检查时间预设为 15 ~ 30 秒）。

事先调整好自己的呼吸，再注意对方的呼吸，特别是呼吸的频率是深是浅，看看自己还感觉到什么。

能由自我意志控制的，只有呼吸

呼吸是由保持交感神经与副交感神经平衡的自律神经控制。

身体做出活泼的动作，导致血压上升、促进心脏功能、支气管扩张等状况出现，这是交感神经运作的关系，交感神经俗称战斗与逃走的神经。

当身体安静、稳定时，活络的是副交感神经。副交感神经有分泌大量唾液、分泌胃酸、抑制心脏功能、促进肠管运动等作用。

在充满压力的职场，人处于交感神经忙着运动，而副交感神经不太运作的状态，如果此状态常态化，便会对身心造成不良的影响。

然而，自律神经如字面所说，是自律的神经，因此没办法按照意志控制。只有呼吸，是可以靠自己的意志控制（频率和深浅）的。即便只是检查一瞬间的呼吸，养成习惯的意义便在于此。如果团队成员可以缓缓呼吸，将工作处理好的可能性会更高。

准备一个你喜欢的独处场所

一直坐在办公桌的电脑前，有时会觉得思维枯竭，或是喘不过气。想稍微离开位子恢复精神时，你会去哪里？你有没有那种只要到那里，心情就能平静下来的地方？

也许你一年回老家几次，心情便能感到平静，或是有每年都会去小住一下的地方。但在日常生活中马上可以到达的范围内，希望大家一定要确保，有一个可以实施正念的空间。

不太有人使用的会议室、很少人经过的走廊或窗边、大楼顶楼、厕所、办公室附近的公园长椅等，如果你拥有这些马上可以到达、谁也不会干扰你专注的地方，去这里实施正念便能有充电的感觉。

因为工作性质，我有机会拜访许多企业，在对方办公室工作的情况也很多。在这些办公室寻找让自己归零的场所与方法，已经变成我的习惯。

在某办公大楼，是一楼入口的长椅；在某企业的总公司，则是可以眺望东京湾的走廊窗边；而在一家邻近公园的企业，是公园树下的长椅等。我会在休息时间去那些地方，在一人独处的几分钟内，将意识集中在呼吸上，进行察觉头脑、心灵、身体状态的快速身体扫描。

办公室没有能够让一人独处的地方时，可以利用楼梯间，以不怪异的程度，缓步行走，练习正念步行。大家不妨把这当作是一种乐趣，寻找一个自己中意的地点。

空档时间的简易正念冥想

我听说在那些工作行程以分钟来计算的硅谷管理高层当中，在一天的预定行程中，有不少人都会预先排定让自己重新归零的时间。因为如果不这么做，他们可能连稍作休息的时间都没有。

例如，早上到办公室的 5 分钟；午餐前后，部门会议空档的 5 分钟、10 分钟等。或是，规定自己每天下午 3 点一定要休息。这么做，可以让注意力分散的自己重新归零，带着新鲜的心情去做下一件事。

另外，也很推荐大家练习简单的正念步行或标签化（把自己正在做的事，以口语说出来）。

彻底从工作中"退出"

在我们的体验工作坊，冥想结束时会彼此陈述感想，并说出未来想实现的抱负，我们称之为"退出"（Check Out）。

带着把所有该做的事都处理完的感觉，结束一天的工作，在维持工作意愿上是非常重要的事。大家不妨把这个 Check Out，也带入平常的工作中。

每天工作结束，把电脑关上时，你能将工作模式也一起关掉吗？为了使工作能确实完成，这时你可以试着慢慢深呼吸，花个 30 秒的时间冷静下来。

不过问题是，当你悬案未结、预定都被打乱、仍抱着"还没有结束"的感觉时，该怎么办？如果今天该做的功课都已经全部解决，便能带着愉快的心情"退出"工作，可是，如果还有没做完的事呢？

最糟糕的是，即使心里不情愿，仍因惰性而留下来加班；明明很讨厌留在公司，却回不了家；明明讨厌工作，却得把它做完。无论是哪一种，都让人充满压力。

在心神不定的状态下，判断力也会迟钝。因此，闭上眼睛休息 1

分钟，调整一下呼吸；或是深呼吸几次，简单地伸展，动一动身体，让心情安定下来后，再问问自己："这件工作是不是要加班也得做完？"

冷静思考后，也许就能看清楚，其实并不一定要勉强留下来加班，相反的，或许你还能因此发现，只要再专心 1 小时，便能将工作完成。同样是加班，与其不情不愿地做，还不如把时间切割，集中完成，而后者更能提高生产性。

因此，当工作不如预期时，请把注意力转向莫名的烦躁感，并充分观察它。对于未解决的悬案，暂时放弃思考，把它当作一种感觉来体验。

如同我们在第二章说过的，烦躁或焦虑的感觉，是身体的感觉。情绪与感情便由此产生，并在激烈的情况下，支配理性的大脑功能。

然而，通过正念训练，把这种感觉理解为身体正在体验的事，心情就能慢慢平静下来。感到不畅快时，把它当作是一种经验去接受，也是正念的效用之一。

书写正念——借由书写提高觉察与干劲

工作结束回到家，便是一个人的时间了。除了基本的正念之外，

写日记的步骤

①准备纸笔

②关于主题，尽量多写一些事情
※ 没有东西可写的话，就写下"没有事情可写"（重要的是动手写）

③在一定的时间内持续书写（3分钟、5分钟、7分钟）

还有其他可以做的事，那便是书写正念。我们称之为写日记[1]。

听到书写也能冥想，有些人或许会感到惊讶，但写日记并不是要写给别人看，这个行为的目的是把内心浮现的事情，原原本本地写出来，以促进内省。

文章不需要写得多好，字也不必多漂亮。就随意挥洒，想到什么就写什么，如此可帮助自己觉察，并加深自我理解。书写也可以视主题而定，来唤起自身的正面情感，并提高动机，带来自信。

关于写日记的效果，我们将失业的上班族分为两组，一组让他们用5天时间写下自己的心情，与另一组不写日记的对照组来做比较。8个月后的报告显示，没有写日记的那一组，就职率是27%；

---

[1]　也有人称为日记书写。

写日记的这一组，则出现 68%的高就职率。

把自己下意识的感觉化为言语，会让没意识到的事情变成意识；任何事在变成语言文字后，人才真正对其有明确的认识。例如，将模糊的梦想清楚地说出来，人就会去检讨要实现这个梦想所需要的步骤或行动，梦想便会真的朝现实面动起来。

写日记，在 SIY 与我们主办的研习中，都是不可或缺的一项功课。

"日记要实际用手写，还是用电脑键盘打也没关系？"偶尔会有人这么问。一方面，记录概念性的东西时，必须一边思考，一边整理抽象的东西，因此用手写比较好。另一方面，在正确记录信息的意义上，打字被认为是比较好的方法。

有脑科学报告指出，用笔书写与打字时所使用的大脑部位并不相同。写日记有内省与探索的目的，因此除了特殊情况外，手写是最基本的方法。

此外，在回顾每天的日记时，若以正面的态度设定题目，也能带着更好的心情入睡。

主题范例	
作为日常功课的日记	·今天工作上发现或学到的事情 ·今天感到快乐或感谢的事情 ·今天印象最深刻的事情 ·今天挑战的事情 ·今天不由得笑出来的事等
在研习等场合写的日记	·人生中已经达成的事是？达成时的感觉是 ·孩提时曾经热衷的游戏是？当时的心情如何 ·人生中感觉最幸福的事是什么（尽量详细描写） ·想去的地方是 ·想吃的东西是 ·想要的东西是 ·自己能为和平做些什么 ·如果可以的话，希望自己能改变或修正的地方是 ·如果中了彩票会做什么 ·会让你害怕不安的东西是什么？会让你有这些感觉的事情是什么？等等

为了不要因为喝太多、吃太多而后悔

工作者最理想的状态，是拥有能早早从公司回家，悠闲度过夜晚的正念时光。但是有时候加班，或晚上有应酬，很多人不太能准时回家。而且酒一喝下去，要静下来冥想也很困难。

虽说如此，对商业人士而言，酒宴也算是工作的延长。但这会助长不健康的饮食生活方式，也会成为健康失调的原因。而且，本来应该是快乐地饮酒，却因压力而喝过头，好酒也变成负面的东西。

那么，起床很忙乱、没时间，白天工作也没休息时间，晚上喝了酒又无法冥想的人，该怎么办才好？过着这种生活的人，即使时间短暂，也要有正念的时光。在此我们就来聊聊酒与正念的关系。

在《纽约时报》《国家地理》杂志皆有执笔的记者凯伦·欧斯丁·加斯伯格（Caren Osten Gerszberg），是提供读者参加"Drinking Diary"博客的共同编辑及执笔人，针对女性与酒类的相处方法，发布了相关信息[1]。

在她的报道中，"为了与酒精有分寸的来往，关键在于充分理解自己是如何受到影响的饮食方法"，这是凯利·威尔金斯博士的建议；或是"察觉自己在做什么，摄取咖啡因或糖、酒精等，这些对身体带来影响的东西，不一定就是坏的。你只要察觉这些东西可能会伤害到自己就行"，这是营养心理学研究所的马克·大卫所

---

[1]　Drinking Diary: http://www.drinkingdiaries.com/

长所说的。[1]

我似乎能听到有人说"这种事我都知道"，但会这么想的人，大多都是因为喝太多、吃太多而感到后悔的人。无法戒掉这些恶习的原因又是什么？

就是没有做到对现在、当下的瞬间，有意识地集中注意力。

凯伦决定星期一是禁酒日，在报道中用以下这句话作为总结："我对于自己什么时候、为什么、要怎么喝，都保持正念。只要喝酒不会为自己带来不好的影响，我会继续在晚餐时配红酒。只不过，星期一除外。"

目标是随时随地保持正念

实践正念的机会，在日常生活中到处都是。我们也曾在企业研修或讲习时，对听讲者出过这样的功课：你曾在什么样的场合实行正念？例如，遛狗、换衣服、淋浴或入浴（要注意避免泡澡时间太长而身体通红）、打扫、搬东西……做到在各种不同场合，都能实

---

[1] http://experiencelife.com/

行正念。

在打开和关掉正念开关时，给人的印象截然不同，这才是真正进入正念状态的证据。24 小时都维持正念，才是理想境界。除了睡觉时间之外，经常要想象你的正念开关是打开的。

在此，我想引述谷歌主管，也是 SIY 的开发者陈一鸣在演讲中经常说的话："正念不是特别的状态，而是只要不断训练，就可以把自己归零、回到的那个状态。你看，就像这样。"然后他会弹指，同时闭上眼睛，做一次深呼吸，并感受它。

这一连串的动作算起来，时间只有两三秒。接着，他会把脚结实地踏在地面上，伸直背脊，恢复沉稳威严的表情。

他强调的是，"我们人类本来就具备正念"这件事。归根究底，正念并不是要努力获取的东西，而是通过日常行为回想起来的东西。

第五章

运用正念,
当个领导者

领导者有四成以沟通能力决定

　　本章我们将思考率领团队的领导者应有的沟通能力。

　　持续得出成果的顶尖精英，如何引导部属并解决问题？如何提高团队成员的干劲？在此登场的便是正念沟通。

　　第三章我们学会了基本的正念训练，第四章则学会日常生活中的正念实践法，我们已经知道保持正念状态的方法。

　　现在，我们要把这些带进团队，让你的团队、组织，重新蜕变为与以往截然不同、柔韧坚强的队伍。如此，团队不仅感情能变好，而且可以不断获得成果，成为以信赖关系结合的坚强组织。这便是正念沟通的目标。

　　依照在人才管理（有效掌握人才特性，录用或栽培、配置的一连串架构）或领导力调查方面，都是世界级顶尖公司的美国 Profiles International 的报告，让人产生向心力的主管，具体的行动关键便在于沟通能力。

　　下页显示，以企业 4 万名管理人，以及部属 40 万人为对象，调查成功管理者共同的 8 种能力（Competency）和与每个能力相关

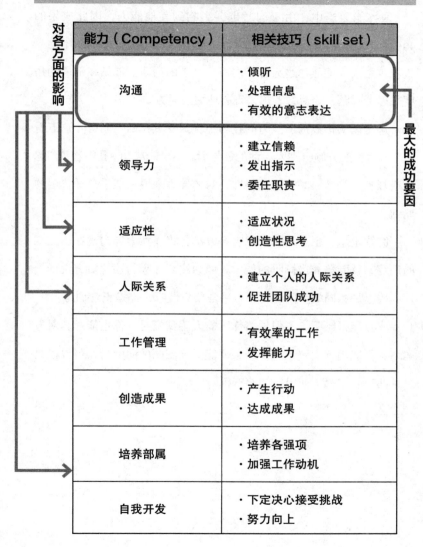

成功管理者共同的能力与技巧

对各方面的影响

能力（Competency）	相关技巧（skill set）
沟通	· 倾听 · 处理信息 · 有效的意志表达
领导力	· 建立信赖 · 发出指示 · 委任职责
适应性	· 适应状况 · 创造性思考
人际关系	· 建立个人的人际关系 · 促进团队成功
工作管理	· 有效率的工作 · 发挥能力
创造成果	· 产生行动 · 达成成果
培养部属	· 培养各强项 · 加强工作动机
自我开发	· 下定决心接受挑战 · 努力向上

最大的成功要因

的 18 种技术。

8 种能力当中，由于沟通也会影响到其他能力，因此成果的40% 都与沟通有直接或间接的关系。但是，并不是说能滔滔不绝，或者言之凿凿就能称之为善于沟通。真正的沟通要能站在部属的角度来思考问题，为对方着想，真心地关心对方。

这可以从构成沟通能力的技巧中，最受重视的"倾听"这点看出来。无法充分倾听别人说话的领导者，不可能成功。孔子曾说"忠言逆耳利于行"，倾听的重要性，对领导力来说，似乎是最普遍的原则。

磨炼正念，也就是利用呼吸等方法，将注意力导向现在、此刻的训练，就能培养出倾听的能力。因为注意呼吸与注意对方说话，在本质上是相同的。因此，只要平常留意倾听，也是正念训练。

一旦懂得倾听，不但说给你听的人感到满足，你也能理解对方的话，更能因此实践正念。结果便能提高团队的向上力，可以说是一举两得、三得、四得，甚至五得。

领导者更需要正念沟通

在前述 8 项能力中，把沟通放在第一位，是因为沟通不仅是开发狭义的领导力所需要的能力，还是开发更广义的领导者资质（8种能力的统合）所需要的能力。

例如，要有效执行构成狭义领导能力的建立信赖、做出指示、委任职责，不用说，肯定需要适当的沟通能力。接着，在适应性中的适应状况、创造性思考也是，必须冲破难题、适应他人，并通过与他人的关系产生创造力。在此不可欠缺的，仍然是高质量的沟通。作为领导者，要培育部属自不用说，若还得考虑到工作管理、创造成果、自我开发，并得到周围的理解或支援的话，最不可或缺的还是高质量的沟通能力。

因此，将注意力转向现在、此刻，将正念放进平常的对话中，实践将注意力转向眼前对象的正念沟通，正是本章的目的。

我经常在研修中实践正念沟通，每次说话的人（即让人听他说话的人）都有很好的反应。

虽然已经过了 10 多年的时间，有件事我到现在仍十分难忘。

当时，我在某企业做管理职研修，该公司十分保守，研修时的气氛也十分被动；但经过 5 分钟的倾听实习后，一位长相有点可怕的课长，竟边说边掉下眼泪。

有人听你说话，就是这么具有沉淀心灵的效果。由倾听的一方看来，聆听对于打开心房也非常有效。

谷歌的 SIY 训练，也是借由让人听你说话来敞开心胸，提高能量，得到觉察。研发这个课程的谷歌干部、SIYLI 的创设者陈一鸣也说过："听一个人说话，是送给他最好的礼物。"

我们从下列三个面相来解说正念沟通。

①正念倾听（听对方说话）。
②正念谈话（表达自己的意思）。
③以价值观为中心的对话。

将每一项按照顺序完成后，你一定能学会正念沟通。

◆ 正念沟通①：正念倾听

沟通，首先从倾听对方说话开始。

如同注意吸气与吐气，并充分玩味一样，注意眼前说话的人的动作、表情、不经意流露的叹息、每一字一句。

要将对方看得很重要，认真倾听。若以这种态度与人相处，对方也能愉快地说话，有时或许还会把平常不轻易说出口的真心话都告诉你。这就是正念倾听的要点。

虽说倾听对方说话似乎不难，但也不是任何人都能马上学会的。特别是很爱说话的人，或是担心谈话途中出现冷场的人，要是对方说的话不如预期，往往容易越俎代庖，抢先发言。这时即便你能忍住不插话，等待对方开口，脑里也会充满自己想说的，或是对对方的批评。

倾听的一方若处于这种状态，对方便无法打开心房，对话也往往会因此中断。这时候，正念就能派上用场。

将注意力转向呼吸，就像一面散步，一面与身体的动作合为一体。因为使用的心灵肌肉是共通的，习惯了之后，就比较能进入正念倾听。不习惯的人，可以找人作为练习对象，听他说话。

我也很推荐换个地方，作为练习倾听的方法。以正念训练来说，就是到某个可以让你打开正念开关的地方。正念倾听也一样，创造一个在这里能全心全意聆听的场所。

如果公司内有适合的地点，可以加以利用；没有的话，办公室附近的咖啡店也可以；时间充裕的话，也可以考虑使用饭店的酒吧。我经常跟企业经营者或干部提到，要有意图地去创造认真倾听部属说话的场所。

　　重要的是"Not-knowing"（无知之知即知道自己有所不知）的姿态。暂时丢掉"希望对方这么做"，或是"希望可以得到这样的结果"，这种自我期望或预测、意图，去接受对方说的话。如果你带着期待倾听，往往会想否定对方说的。因此，只要贯彻"我知道自己不懂"，所以"请告诉我"的态度就可以了。

倾听对方的同时也倾听自己

　　习惯倾听他人说话之后，可以稍微提高一点门槛。

　　一面倾听对方说话，一面观察自己心里产生的变化。

　　例如以下状况，假设上司以正念倾听部属说话。（括号内是上司内心的喃喃自语。）

　　部属："最近总觉得无法投入工作。"

　　上司："是吗？有什么介意的事情吗？"

　　部属："没有什么事，但就觉得自己似乎不太适合现在的工作。"

上司："（在这么忙的时候，这家伙在说什么啊）嗯，然后呢？"
部属："团队合作似乎也不太好……"
上司："（什么？团队之所以会乱不就是因为你吗？）……"

若是一般的主管，在部属讲最后一句话时，已经自动关掉正念倾听的开关了吧。有如此难搞的部属，正念的警告灯号不到3分钟便会开始闪烁。

然而，在这里最重要的，是观察那个好像快要关闭的信号，看看自己在执着什么。倾听对方的话，并不是说以直立不动的模式"听着"。大部分人难免都会因为对方说的话而受到影响，在某种意义上，情绪会动摇也很正常。

"刚刚突然觉得有点不爽"或是"心脏突然跳一下"，把这样的内心动摇，当作是身体的感觉如实接受，便能确实控制"为什么这种人是我的部属""到底是谁录用这个人"的想法或不满。

我们无法避免内心的动摇，但因此产生的情感，往往会限制住接下来的行动。例如，"一火大便忍不住说教"或是"因意想不到的话题，想起过去的失败，使注意力离开眼前的对象"。

然而，就生气这点来说，若能清楚认识到那是胃稍微有点抽筋的感觉，就能把它当成是一时的"经验"来客观看待。不要光想着火大、生气，而要冷静地以一个经验来认知，接下来我们采取的行动范围便会扩大。这才是真正的正念。

解放杂念，注意对方的言辞

接下来，不要掉入因一时经验所引发的思考循环中。抛开这种经验，就像注意呼吸那样，把注意力拉回到对方说的话。

如果觉得很困难，请想象那些干扰你倾听的情绪或思考随着吐气而消失的样子；想象有一阵黑色或灰色的烟雾飞出去，也是一个方法。

若你仍觉得自己还是浮躁，"唉，我为什么不想倾听别人说话呢"，或是"好不容易都在实践正念了，为什么完全学不会"，纵使杂念无法随着吐气一起解放，也要把意识拉回到对方身上。

有关正念的实践，如果想做得完美，往往容易用力过度，造成不良后果。

因此，即使在现在这个瞬间，感觉自己并没有好好在听对方说话时，不要执着于这个意念，把注意力转向下一个此时此刻，就能替换成下一个感觉。不要固执在当下的某一点，把执着暂时放到一旁，让心灵的秒针继续前进。

当你想说服对方时，或想法固执时，或是在听了对方的烦恼后，想有所贡献时，正念倾听的难度就会更高。因为你不仅受对方说的话影响，也受自己"想要帮×××"的期望或意图影响。

有时候，一面听对方说话，脑中一面浮现"为什么我会如此困惑？"然后自问自答，"啊，是因为我希望对方觉得我人很好，所以才这么困惑吧！"这样便能发展为内心的对话（Mind talk）。

不论如何，把注意力拉回到对方身上，这是铁则。

◆ 正念沟通②：正念谈话

在第一章，我们介绍了正向能量对工作表现的影响。

注意呼吸的正念训练，是形成正向能量的练习。相对的，这里介绍的沟通，在日常行为中也能达到同样的效果。

美国马萨诸塞州综合医院赫伯·班森博士（Herbert Benson）等人的研究指出，若依照一定的方法，练习读出正向的话，减轻压力的基因就会打开正念开关。这也有相反的一面，例如"No"这个词，会使压力升高，这是通过大脑解析发现的事实。

此外，美国托马斯杰斐逊大学（Thomas Jefferson University）医院的脑神经学家安德鲁·纽伯格（Andrew Newberg）的著作《语言能改变你的脑》（*Words Can Change Your Brain*），有下列这段叙述：

"在一定期间内反复诵念正向的话，能培育出对他人的共鸣力。实际上，在最新研究结果中发现，通过这样的训练，能使大脑新皮质增厚，并使引起斗争、逃跑反应的杏仁核缩小。"

虽说大家的母语都不一样，但负面言语容易对身心造成不好的影响，而正向沟通则对身心有良好的影响。因此，建议大家不妨试试以正念倾听为基础，有意以正向言语对话。

在企业咨询或研习的现场，比起"这么做是可行的"这种积极意见，或是"这边做得很好"这种肯定的评价，反过来寻找"这里有问题"的理由，或是嘴上说"这里做得不够"这种否定评价的人更多。

人的大脑若是常用某种表现或言辞，就会习惯那种状态。因此，刚刚从其他职场调动过来的人，可能会对带刺的言辞交锋感到惊讶，但另一方面，从以前就一直待在同一部门的人，却一点也不在意。

这并不是只要习惯就没问题的事。说负面的话，或是一直身在其中，人体便会大量分泌与压力相关的荷尔蒙，这对掌管理性的前额叶产生很大的影响。就结果来说，会导致沟通能力下降，并陷入恶性循环。

用正念谈话引导部属

我们以实际的对话范例，来思考正念的应用。

（常有的负面模式对话）

部属："课长，这是对 A 公司提案的内容，请您确认一下。"

上司："嗯，我看过了，商品的说明有一点拐弯抹角。"

部属："很抱歉。因为 A 公司的部长很会挑毛病，所以我想尽可能说明得详细一点。"

上司："这就是你不对的地方，被挑毛病不是因为说明得不够详细，而是因为你没有把特征说清楚。"

对于表现能力不好的部属来说，这位上司说得一点也没错。但是，工作已经做不好了，还被上司否定，部属只会越来越无法保持理性。这就是从大脑的构造，看到值得担忧的事项。

那么，不把工作做不好的部属当一回事的上司，若使用正念会如何？我们来看下个例子。

（提升部属积极性的对话）

部属："课长，这是对 A 公司提案的内容，请您确认一下。"

上司："嗯，我看过了。商品说明的部分再精简集中一点，就更好了。"

部属："好的！谢谢您。因为 A 公司的部长很会挑毛病，所以我想尽可能说明得详细一点。"

上司："但这里重要的，是仔细斟酌对方想知道的是什么吧。"

这位上司懂得理解无法掌握工作要领但很认真的部属的心情，并且有建设性地教他该怎么做。这反映了通过正念培养出的体恤。

不过，有人谈到正向，便误以为是过度乐观，这反而会造成反效果。佯装笑容，却口是心非，听者只会跟你离得越来越远。因为人类所拥有对言语与表情的解读能力，其不一致性远超出你的认知。即使你表面装得很好，也会被看破。

（容易产生误解的应对）

部属："课长，这是对 A 公司提案的内容，请您确认一下。"

上司："嗯，我看过了。我认为你做得很好……"

部属："是……是吗？太好了！"

上司："还有，商品说明的地方，如果重点再更明确一点，就很完美了。"

这种状况，部属到底能不能察觉到上司的话并非真话？还是真的会误以为自己只差一步而已？这两种可能性都很高吧。

最近不懂得如何责骂部属的上司正在增加，当中也有许多人是用这种似是而非的正向模式去沟通的。

实践正念谈话的四个要点

在第四章，我们谈到正念书写的方法与效用，这个理论也可以应用在谈话当中。有意识地放慢讲话的速度，一面观察自己的身体、情感、思考，一面用简短的话语来表达。

关于正念谈话的实践，我们整理出四个要点。

①观察，这跟冥想的心得一样。

②一瞬间的自问自答，也就是在不偏离当下意图的情况下，掌握对方与自己的关系，并让直觉发挥作用。

凭借畅销书《基业长青》（*Build to Last: Visionary Companies*）

系列书[1]而广为人知的领导论第一人詹姆斯·柯林斯（James C. Collins），曾在他的研习会上介绍，发挥最高领导力的人，是杜拉克财团第一代总裁法兰西斯·赫塞班女士（Frances Hesselbien）。在法兰西斯·赫塞班就任杜拉克财团 CEO 之前，她曾以全美 Girls Scouts 协会（Girls Scouts of USA）代表的身份，因对组织再造有功而闻名。

在接受柯林斯的访问时，她也力证领导上倾听的重要。而当自己想说话时，她也强调应该先停一停，思考"这句话真的该说吗"，这个自问很重要。

接着是第③点，慢慢、简洁地表达。正念谈话能为自己与对方创造良好的正念循环。慢慢、简洁地说，会使对话中错综复杂的信息更容易理解。

慢慢说话虽然很花时间，但时间控制也很重要。并且，按照口译者的笔记与记忆来说，我们人类能记住的对话时间约为 30 秒。

过去，在我跑新闻的记者时代，通过口译采访美国的企业家时，多次被口译人员制止，要我等一下。从那之后，在必须通过口译沟通的场合，我都会有意地放慢速度，控制自己讲话的时间。现在回想起来，那便是正念谈话的要点。用短时间分割对话，会让传递的信息量变少，但当你感到少时，其实就是刚刚好。

---

[1] 这是 James C.Collins 以美国优良企业为中心，彻底调查对手公司并予以比较，解开企业永续原理的世界级畅销书。

人类不是电脑，短时间的作业记忆（Working memories）有极限。史蒂芬·柯维博士（Steven R. Covey）有一本关于自我启发的畅销书《与成功有约：高效能人士的七个习惯》（*The 7 Habits Of Highly Effective People*），如果是"二十个习惯"的话，或许就不会有那么多读者支持了。

不过，就记忆的信息区块来说，与其说 7 个是最适合的数字，不如说得考量数字的上限更为妥当。这虽然有个人差异，但以成语游戏来说，一般人对相关的成语，记得住的大概就是 7 个；没有工具协助时，我们能记住的上限是 3 ~ 5 个。在进入 21 世纪后，已经有这样的研究报告。

在日语中有"间"（话与话之间的空白时间）这个很棒的词汇。试着在 30 秒的谈话中，保留空白时间，把想说的话浓缩成一句，慢慢说。在总长 30 分钟或 1 个小时的对话中，传达的信息区块控制在 5 个以内，以此为准，应该就能提高沟通的质量。

最后的要点④，是当对自己说的话产生自我评价或判断时，应对此设下警告信号。

我们常受到"好像说的不如想的""好像形容得不够""是不是说过头了"这样的自我评价或判断纠缠。此时应暂时保留这些判断，重新把焦点放在唯一能控制的当下上面，否则你会中止聆听，导致更严重的失言。

实践正念谈话的 4 个要点
要点① 　观察自己身上发生的事
要点② 　自问，这是现在该说的话吗
要点③ 　慢慢、简洁地表达
要点④ 　注意力回到对方身上

发言前，暂时停止

当你因不知道该如何对话而感到迷惘时，请回到正念的原点，聆听心里的声音，观察自己在这个瞬间发生的事。

而当内心紊乱，或是"我好像在勉强自己"这种想法浮现时，就将这些想法随着吐气一起释放。然后，再次把注意力拉回到对方身上，只要随时随地跟着吐气，重新来过就好。

当对话的感觉很好时，"暂时停止"也很有帮助。例如，假设你接下一份很有魅力的工作，可能容易因兴奋或知识不足而失言。

这会使我们从对眼前突来的机会感到兴奋，变质为有失稳重。

假如对方的话语让你感到不安，也有使用正念的方法。如果不去注视内心的不安，只靠本能反应，就会被对方的巧妙话术欺骗，导致越来越深陷其中。因此，暂时停下来深呼吸，将此时此刻化为言语。例如："这是很棒的事，但实在有点太突然了，令我感到不安。"

就像俗话说的，天下没有白吃的午餐，别掉进江湖经验老到的对手的圈套里。为了抢到交涉的优越位置，这时心思要与吐气一起同时归零，找回冷静的自己。

我并不是推荐大家用这种固定的方法，而是想强调以短短的话来表现内心的感受，这个原则，可以说是正念谈话与正念倾听的一种行为组合。

想称赞部属、想在发布会上说服顾客、想反驳某个人的意见，当你涌现这种"我想说"的心情时，这代表脑中的杏仁核正在活跃，制造出喜欢或不喜欢，愉快或不愉快的情感，并将这些信号送至海马回。

这时，将若杏仁核放任不管是很危险的。有人会因此说太多，一厢情愿地拼命表达自己的主张，而无法观察对方。正因如此，发言前停一下，是件很重要的事。

◆ 正念沟通③：以价值观为中心的对话

想正念谈话，便要利用这个原则，把想说的话放进去。

探求自己的价值观，或是追求与他人交谈的机会，在欧美的学校或商学院来说是很普通的事，但在亚洲国家却比较少见。我们通过 SIY 等研习会或辅导课程，让不擅长探求价值观的日本人实际感受一下。

然而，价值观的寻求，在言语化的过程中，随着各种内心纠葛，为社会或组织带来了很大的影响。探求价值观的工作，会使人与组织越趋健全，这在各种企业研究中已经得到实证。

所谓探求价值观会使人健康，是怎么回事呢？

有报告显示，通过内省自己，便能提升神经内分泌功能，缓和心理压力。并且，根据密苏里大学心理学家的研究，在慢性疼痛患者的治疗计划中，若以规定好的方法，实施寻找价值观的练习，患者对于疼痛的忍耐度也有明显的提高。

另一方面，在企业经营上，目前"清醒的企业"（Conscious business）这个概念正受到注目。这里说的清醒，是正确解读现实，使自己内在与外在的意志力都变得更敏感，不流于主观意识或一般的价值观，意识事物的本质。

每个人看起来都像拥有工作意志。但是，清醒的意义，是将层层掩盖的表皮剥开后的本质。

"我们的世界正在发生什么？"

"这当中我所属的组织以什么为使命？"

"我自己的特性是什么？真正的动机是什么？"

探求这些问题的姿态，便是清醒。

经济活动越活跃，对地球环境累积的破坏，或资源（不只化石燃料，还包括森林、海洋、生物等多样化的资源）枯竭的问题也越严重，若不清醒正视更远的地方，未来的企业将无法生存。这就是清醒之所以必要的背景，我们必须褪去被赋予的价值观，逐渐觉醒。

正念对话中暗藏的可能性，便在于将价值观化为言语，并与他人共享，构筑新的关系，诞生出新智慧。

对话前先创造舒适的状态

所谓价值观的探求，对于已经习惯的人来说，也并非易事。

　　若只把表面话说出来当然很简单，但为了触及内心，就必须调整好自己的身心。这便是世上引进正念课程的商学院逐渐增加的原因。

　　在正念与价值观为中心的对话关系中，我们将前者以 OS，后者以应用程序来比喻。在身心放松的状态下，维持正念状态时，人就能充分活用自己的资源，得到有创造性的产出（以价值观为中心的对话）。

　　探求价值观，你必须解开心中的锁。因此，创造沉着、稳定的舒适状态，是对话的先决条件。

　　问题是，许多人不知道如何快速创造沉着、稳定的舒适状态：稍微动动身体，拥有一段什么都不做的寂静时光、意识呼吸等，只要这么做，被工作逼得紧绷的心情，便能得以解放。你会因此发现身体某个地方已经有充足感。

　　以这样的状态去对话，即使是发生问题时的沟通，得到的答案也会不一样。甚至，问题本身，也与之前不同了。

　　接下来要跟大家分享的，并不是固定课程，而是依据我们的经验，将正念当作基础，以拓宽对话的可能性。

◆ 步骤①：准备—整顿自己的心

两人一组，进行围绕着价值观的对话。在此，我们以 A 与 B
来作为范例。

进入双人组活动前，彼此都要做好准备。两人都坐在椅子上，
采取身体最稳定的坐姿。上半身前后左右动一动，找出最不勉强、
最舒服的姿势。这与正念冥想的基本要领相同。

调整好姿势后，轻轻闭上眼睛；吸气的同时，将意识集中在呼
吸上。接着，随着吐气去感受呼吸渗透到全身。以自己的节奏，重
复几次这个动作。再持续呼吸几次，同时将两脚稳稳地踏在地板上，
感觉地板实在地支撑着自己。

在此介绍的是利用呼吸的准备方法。当你觉得光这样做并不充
分时，可以试着动一下身体，做几分钟的冥想再开始。

◆ 步骤②：谈谈心中的那把火

A 当说话的人，B 则是引导人的角色（协助 A 探求自我）。

"你在工作上，还有生活中，最重视的是什么？无论答案明不
明确都不是问题。请说出现在、这个瞬间，从心底涌上的感觉，不

论是什么都可以。"

　　A 要以正念谈话的要领说话。如果 A 说不出来，担任引导角色的 B，也要一起接受这段沉默的时间。

　　请大家注意，在这里你要谈的不是公事，而是自己的事。脱掉公司加诸身上的铠甲，问自己价值观为何，这是很重要的。放松下来，感受着面对提问的自己，察觉这就是你。这么做，才能脱去"无意识中适应公司生存"的外壳。

　　若按照在公司里扮演的角色做正念沟通，说出来的无非都是"支持地区居民的饮食生活""重视每个孩子的成长""使顾客感到安心与安全"等无关痛痒的场面话。

　　这是对自己的觉察不够充分的无心状态。不要把这当作是公司，而是自己的问题；不要去在意非说好话不可的压力，试着说出真话。也就是放弃追逐外在的目标，回想自己心中的那把火。

　　说的人与听的人，不但要倾听或诉说表面的话，还要去注意对话有什么样的回响，以及对话与身体反应的关系。

　　在对话即将结束时，再次用一开始的要领，在极短的时间内进行冥想（以吸气加吐气算一次，做三次左右）。B 再重复前面的问题；对此，A 的回答方式、注意点，都要跟前面的程序一样。

　　"你在工作上，还有生活中，最重视的是什么？"A 若想到任何事，请以正念谈话的方式述说。有时候答案会跟刚刚完全不同。

有些人会重复同样的话，也有可能再也说不出任何话。一切都交给当下、此刻。

如果中途感觉不舒服，或是想让激动的心情平静下来，就努力意识呼吸。

担任引导人的 B，并不需要特别说些什么，一切遵照 A 的意思。只要累积这种实习经验，便会懂得如何去正确引导对方。

以 10 分钟为基准，A 说完话时，B 就问同一个问题；A 结束话题后，回到呼吸，反复这样的步骤。10 分钟之后再互换角色。

◆ 步骤③：思考团队的价值

再次由 A 来说话，引导人 B 来问问题。

"你的公司（或是团队或组织），如果是社会不可欠缺的存在，那是因为它扮演着什么样的角色？又或是，它要承担怎样的角色，才能成为社会不可欠缺的存在？不论这个答案明不明确，都不是问题。现在这个瞬间，你心里浮现的所有想法，无论是什么都好，请说出来。"

A 要以正念谈话的要领说话。A 若说不出口，负责引导的 B 也要一起接受这段沉默。接下来便跟步骤②一样，以 10 分钟为准，进行对话，之后交换角色，继续同样的步骤。

◆ 步骤④：价值的联结（Engage）

A 还是回话的人，B 负责引导。

"在目前想得到的范围内，你职业生涯中最重视的东西，与最崇拜的公司（或团队、组织）的价值有什么关联？或是，希望能有什么关联？关于这个问题的答案，不论明不明确都没关系。请将心中的感受都说出来，无论是什么都可以。"

A 要以正念谈话的要领说话。说不出话时，负责引导的 B，也要一起接受这段沉默。但如果 A 想到什么，都要说出来。

接下来，跟步骤②或③一样，以 10 分钟为准，进行对话，之后交换角色，继续同样的步骤。

步骤②③④的对话，按阶段性，或是按顺序一口气进行都无妨。几次重复下来，与不同的对象搭档，将引发不同的化学反应，便能产生各种不同的觉察。

自己与公司以及社会，本来就是互相影响的系统，像是一个有机体。而个人与组织的联结[1]，对个人或组织来说，都掌握着提高表现的关键。在这样的原因之下，两者价值观的联结非常重要。

---

[1] 每个人感受与组织在情感上的联结时，投入工作的状态。

然而实际上，组织变大后，各机能达到最适化，公司整体的价值观与部门、团队的价值观，也会产生背离。或者，有时公司提出的东西，无法传递到组织末端，导致员工不明白自己为何而忙。

结果，员工看不出自己重视的事，不懂得如何将与公司或团队这种"为了生存"的价值观联结在一起。即使已经产生分歧，员工也不再抱持疑问。

以有机体的角度，带着强烈意志，看清个人与组织的关系，察觉个人的自律与成长以及超越个人或特定组织的自我目的，正是清醒的企业。

我们认为，清醒的企业与正念的活动彼此重叠，并将成为改变公司的关键。

要成为正念组织，重要的是落实身体的感觉。身体的现实感受，能促使我们察觉彼此密不可分的关系。

智慧带来未来

正念对话就是与内在觉察的共同对话。

许多商业人士在不知不觉间，会被过去牵绊，带着对未来的不安，竭尽力气地面对工作。

一直以来，人所学习的知识与技术，都是战斗所需的资源，以及经由 IT 末端 24 小时不停运作得来的信息。而这些交错的感性信息，用各种方式、方法，成为想引起注意的吸睛标题；因习惯而失去柔软度的思考模式，毫无节制地囤积着，这样的信息其实束缚了我们。

美国原住民拉姆毕部落（Lumbee tribe）中有这样一句话："不追求知识，而是追求智慧。知识是产物，智慧会带来未来。"

不刻意制造出来的知识，才能让智慧更有机地显现出来。这样的智慧，才是在变动、不确定、复杂性高，连问题所在都很暧昧的VUCA 世界生存的领导者所必须拥有的。

"任何问题都不能用和问题造成时同样的意识去解决"，这是爱因斯坦的名言。我认为更新意识的起点，便在于正念。正念对话能从中挖掘出智慧的泉水。

中学时，我在夏令营里跟朋友们围成一圈开篝火晚会的感触，我到现在仍记忆鲜明。不知道为什么，这种记忆对我来说是感触，而不是感觉。凉爽的空气缓和了白天被阳光晒得火热的皮肤、第一次体会到火的不可思议、在沙上抱膝而坐所以屁股感到刺痛、平常有点可怕的社团学长、不太说话的学弟，还有才刚记住他们名字的他校学生。

以团队进行正念冥想的步骤

①以围绕价值观的对话步骤为要领，意识呼吸（3分钟）

②察觉团队成员的呼吸，与自己的呼吸同在，同时注意呼吸（3分钟）

③同步呼吸，一点一滴地扩展到整个组织，想象着和组织的所有伙伴生命与共，同时注意呼吸（3分钟）

④想象所有组织成员的呼吸，都被地球包覆，将呼吸转向和地球上所有生存的生物共存（3分钟）

⑤所有一切合为一体，享受呼吸，如果觉得困难，不要勉强，只要注意自己的呼吸就好（3分钟）

⑥在此得到的好处（无论是什么），都带着回转给世界的意图，呼吸数次后结束

　　一般来说，这些关系都有几层看不见的隔阂，但在满天星斗下，却能融合为一片。那时候我到底说了什么已不复记忆，但确实感觉到自己存在于此时、此刻。

　　或许我已经将那种感触，尘封在往昔记忆的一页也说不定。然而，围着篝火升起的正念，在世界各地，或在各职场，正等待着被解除封印。

第六章

正念不是要你
"当好人"

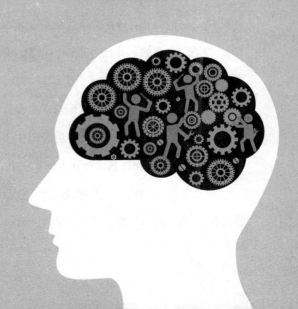

现在，有关正念在商场上的效用，在主要发源地美国得到关注的同时，误解似乎也正在扩散。例如，通过正念更新大脑，对于提升工作表现好像有所帮助。无论遭遇什么状况，只要学会把自己调整到最适当的状态，便有利于在激烈竞争中打一场胜仗。所以，一定得赶快开始学习正念。

确实，正念可以使精神安定，维持专注力，提高沟通能力，培养即使遭遇打击也能很快重新站起来的复原力。但是，如果正念是受到自我驱使，即使能得到一时的成果，效果也无法持久。

正念真的是用来让你赚更多钱，使工作效率提高的工具吗？

如果你想以这样的目的来学习正念，会在某个阶段遇到很大的障碍。因为正念本来就不是用在如此狭隘的目的上的。

目前引领正念潮流的领导者之一——乔·卡巴金博士，在2015年初接受访问时，谈到有关正念的最新定义如下，"我使用的'正念'的定义是：有意的，并且不带任何批判、评断，意识当下这个瞬间，所浮现的意识状态。有时还会意识到自我认识与产生睿智。"

我们来看后半段，自我认识与产生睿智，这可以解读为，只要开放性地意识当下、此刻，正念便可应用在任何地方。这让我们更进一步成为更好的人，将注意力放在人的本质上，将正念往善的方向深化。

卡巴金博士的发言，是因为感到正念在社会上急速扩展，在各种恶用及误用升高之虞，所发出的警示。

正念的恐怖分子是否存在？

如果在培养恐怖分子时，也采用正念的思考方法，是不是能发挥效果？（把恐怖分子替换成军队士兵也可以）

事实上，美军已经与佛罗里达大学合作，为了预防创伤症候群（PTSD）而对部分士兵实施正念课程。

因此在美国，为了提高士兵在战场上的专注力与复原力，如果利用正念会如何？用更挑剔的表现方式来说，若正念并不是为了预防PTSD，有没有被使用在杀戮目的上的危险性？这是与正念是什么、正念领导力是什么、是为了什么而存在相关的问题。

正因如此，我们暂时回到正念的原点来思考看看。真正的正念状态，是确实地意识当下、此刻，不去改变心中浮现的任何杂念，接受所有一切并观照。进一步来说，若借先前卡巴金博士的话，就是通过这个状态，产生的深度自我认识与睿智。

那么，恐怖分子又如何呢？

为了训练恐怖分子的特定目的使人集中意识，或许他们真能集中意识，若是如此，通过正念，似乎可以得到强化恐怖分子的效果。

　　但是，我们不得不注意，恐怖分子之所以产生这样的状况是因为：他们在疯狂相信一个目的的冲刺过程中，干扰这个行动的思考或情感都会被挡住。

　　如果你是战场上的士兵，若不排除多余的思考或情感，并在某种程度上为自己制造内心的盲目，便无法倾注全力打倒敌人。这时，你内心的状态便不是原本的自我认识，而是经强力偏颇后，扭曲的自我形象。

　　在这样的状态中，暂时被阻挡的思考或情感，会演变为心灵创伤、精神压力、上瘾症状的导火线。

　　先不看这个风险。依自己之便控制内心和不排除思考或情感完全接受并观察的正念，本来就是完全不同的东西。在商业世界里，领导者（正念领导人）并不是为了提高经济利益而不择手段的人。

　　从个人目标来看，不可能有人能按照自己的心思，操纵自己或对方的心理。在逐渐来临的环境危机导致无法用心工作、身心不适的人逐渐增加的状况下，只会拼命追求利益的正念领导者，是不可能存在的（正念必须体察他人内心、起共鸣，只顾自己赚钱无法产生共鸣）。

真正的正念领导力为何？无可回避的自我认识

在美国、西方社会，以禅与正念的指导者而颇负盛名的诺曼·费雪（Norman Fischer）曾说："你越保持正念，就越无法无视人类的本质或与存续相关的价值，以及从事威胁的活动。"这不正是深度觉察的冷静见解吗？

把简单的正念实践作为提高注意力的训练，是非常好的一件事。

只是，在训练过程中，要以开放的心态接受内心发生的种种，并持续观察。不用多久，就能发现自己真正重视的价值观或生命的尊贵，也就不可能无视或回避了。这便是卡巴金博士说的自我认识与产生睿智。

因此，正念领导者，就是通过正念实践，掌握深刻洞察力与自我觉察，了解对自己、组织、环境来说，什么才是最重要的。并且，也能把这些重要的事，通过每天的行动，持续展现出来。

所以，在面对困难时，内心的主轴不会动摇，也不过度执着于特定的理想形象；柔软有韧性，并且拥有能轻松面对 VUCA 世界的心。这些便是正念领导者应该具备的素质。

正念领导者的三个提问

然而，正念领导者仍没有共通的定义。在此我举出目前为止看到的，想称呼他们为正念领导者的共同点。

正念领导者，指的是以下这种人。

- 拥有深刻的洞察力与自我认识。
- 拥有接受无知之知（不知为不知）的谦虚与好奇心。
- 将自己的价值观与对外界（组织、社会）应尽之事加以统合。
- 同时拥有强大的信念与轻松感。
- 以愿景为天命，但不固执。

我在 SIY 参加历经 10 个月的讲师养成课程时，创办人陈一鸣在 SIY 讲师必须拥有的条件中也浓缩了正念领导人的要素，在此介绍给大家。

托尔斯泰有部短篇小说叫作《三个问题》。内容是说，如果国王在经营国政时，经常问自己三个问题，便能做一个贤能的人。

- 最重要的时刻是什么时候？

- 最重要的人是谁？

- 最重要的工作是什么？

我觉得这对我来说，可以代换成"SIY 认可讲师的三个问题"，也是人活着经常应该要问的重要问题。

这些问题的答案虽然非常简单，但充分展现出正念领导者的生存理念。

- 最重要的时候是什么时候？就是现在。

- 最重要的人是谁？就是目前在你眼前的人（如果没有人，便是你自己）。

- 最重要的工作是什么？尽最大力量贡献的那份工作。

真正的领导者，是带着矛盾与混沌不安走下去

那么，下面的问题又如何呢？

- 正念领导者不会裁员？
- 正念领导者不会给业绩不振的部属减薪？
- 正念领导者不会骂人？

我的答案是"No"。

- 正念领导者不会拘泥于一定要提升业绩？
- 正念领导者对股票公开上市没有兴趣？
- 正念领导者被对手企业抢走市场占有率也能悠然自得？

这些答案仍然是"No"。

我们的老师、SIY 的 CEO，也是禅僧的马克·雷萨说："所谓学道，就是普通的生活。"

正念领导者绝不是永远爽朗无忧，内心经常像加州的天空一样晴空万里。即使是阴天，即便开始下雨，或有暴风雨，这也是普通的人生。察觉到这一点，未雨绸缪，筹划必要的措施，对批判也能虚心接受的人，才能接受持续变化的世界。珍惜当下、此刻的人，即使是在雷声隆隆之日，也能看到隐藏在云端上的广大蓝天，这才是真正的正念领导者。

与其问这样的领导者有几人，还不如以此为目标。就算你还在途中，只要心中有这种态度，便符合正念领导者的资格，心灵的门槛也会降低许多。

正念领导并不是"当好人"

依据美国调查公司 Glass Box 的调查显示，一直强力推动正念研究并将正念引进组织的领英 CEO 杰夫·威纳（Jeff Weiner），被选为"员工支持率第一"的 CEO。

在他的领导下，领英达成与前年相比之下 45% 的成长速度，并成为一家巨大的企业社群网站。2015 年 2 月，领英的年营业额为 2620 亿日元，员工约 5000 人，客户则达到 3.5 亿人。

他完全是名副其实、充满干劲的现代经营者代表。身为正念领导者，对于什么是经营与人才培育的秘诀，他的回答是[1]：

"就是体恤。首先把体恤当作领导力、团队的行动指针，确实渗透进企业价值。以商品也要充满体恤为目标。"

这样的意图，就是创造出雇佣机会及无差别社会的愿景。即使经营实绩已经证明这不单只是一项课题，但听到硅谷的成功企

---

[1]　出自美国杂志《快速企业》（*Fast Company*）（2013/07/01），关于领导力。

业家说经营的秘诀在于体恤，对许多商业人士来说，恐怕感到十分意外吧！

从体恤联想到的，是体谅对方的心情、为对方做一些事、对对方温柔、帮助对方等。然而，杰夫·威纳的体恤，却略有不同。

"在企业中的体恤、真正的体恤，不是只与对方亲切的相处，总是同意对方的意见。真正的体恤，是提供自己经过钻研后，已经很卓越的东西，并且要求对方做同样的事。因此，有时候，严格也是一种体恤。展现出体恤，有时也很困难。"在2015年2月开办的Wisdom2.0中登台的他，当时这么说。

企业中必要的体恤，与当一个好人、被认为是好人不一样。那样并不能支持对方或组织成长。

作为一个人，与对方产生共鸣的能力很重要，这也是体恤的要素之一。并不是一定要与对方同调，也不是单方面地同意对方的意见。你不仅要理解对方的心情，在理解了现状之外，还需要有适当的应付能力。

杰夫·威纳接着说："特别是，对所有人都带着无条件的体恤相处，这需要自我控制力与坚强的精神。因为对你不喜欢的人，也得体恤。你不可能经常处于柔软、温暖、舒服的感觉中。这就是领导者。"

对人虽然要有共鸣，但也不能盲目相信对方的话，要以正确的理解为基础来相处。这便是将注意力拉向当下、此刻。

我们发现，从实践正念而来的深刻洞察力与睿智，也能使正念领导人做出真正的体恤。

正念领导者的道路，不是修行，而是像在健身房锻炼

过去日本伟大的经营者、领导人实行的冥想，都与佛教，特别是禅宗的教导有着难以切割的关系。

并且，禅也以"ZEN"之名受到世界注目。史蒂夫·乔布斯曾学禅的经历也广为人知。

然而现在，由美国扩展到全世界的正念实践，已经不限定于信仰，已经脱宗教化了。应该说，这已经跟宗教是不同的东西。并不是说佛教因此被敬而远之，而是为了推广有价值的东西，除却了宗教的隔阂。

几乎所有的正念领导者，都不将正念视为特别的修行，而是作为日常的锻炼来整顿心灵。如此看来，正念的思考方式，并没有违背个人的宗教信念。

例如在 2015 年去世的新加坡建国之父李光耀，便是向天主教

神父罗伦斯·傅利曼（Lawrence Freeman）学习冥想。并且，前述的旧金山名禅僧诺曼·费雪，也很频繁地在犹太教会中教授正念。

由于日本人对佛教本就比较亲近，对于一般"休闲式"的冥想，反而心理障碍比较大。他们内心或许会有误解，认为冥想应该是更神秘的体验。并且，许多人认为，邪教集团经常以宗教为名行骗，由此，对宗教产生了不良的刻板印象，这种刻板印象至今仍无法摆脱。

但是这数年来，休闲式的正念训练，已经在日本开始成长。"本来以为会很难、很辛苦，但如果是这样就做得到。"很多人都有这样的感受。

另一方面，如果你本来就是佛教徒，因为不需要在意信仰不同的问题，从休闲式的正念开始慢慢起步，在深入的过程中，让思想奔驰于 2500 年的佛教历史也不错。

这部分完全依个人选择，也与我们在商业场合中的运用有所区别。

忙碌不是借口

以休闲方式起步为前提，我们来思考一下，为了成为正念领导者，该怎么实践正念。

成为正念领导者，并不是短期集中型的讲座或训练，更不是学了就能取得的知识。实践正念是没有终点的，我们可以从所有正念领导者身上看出来。

以陈一鸣为例，他每天进行约 1 个小时的正念训练（意识呼吸的冥想或体恤、身体扫描等等）。并且，他的智能手机每小时都会发出提醒；他会利用铃声来做深呼吸，或短时间的正念步行，来找回自己的主轴。

甚至，他一年至少还会参加一次 1 个星期左右，与世隔绝的沉默冥想。但并非只有这种特别的时间，才是实践正念。就像在第三章到第五章也谈到的，各种日常生活都有正念的种子。

特别是陈一鸣，他把与人相处的时间，也当成是重要的正念训练。切实将注意力集中在对方与自己的状态，尽力做到最好。这并不是只有对到谷歌访问的 VIP 才如此，即使对方是与自己敌对的人，他也一样。

我们常听人说，"就算脑子明白持续实践的重要，但实在很忙"。

陈一鸣身为谷歌高层，并且参与许多组织创设，也是提名诺贝尔和平奖的社会运动家，他的忙碌更无法以笔墨形容。至少知道这个事实的我，实在无法以"因为很忙所以没办法"当借口，来蒙混推托。

说到忙碌，前面提过的领英 CEO 杰夫·威纳，是加上"超"字级的大忙人，但他每天一定会在行程中，加入 30 分钟到 90 分钟的"Nothing"预定。这个时间，绝对不排任何会议。这个"Nothing"的时间，对于企业领导人来说，才是绝对必须的。

在这段时间内，他把心灵净空，不让任何事情阻碍他专注，然后开始用各种资料去验证 3 ~ 5 年后的公司会变成什么样子；消费者还没被满足的需求是什么；与竞争对手相比，如何确立显著的差异；企业的前提条件有没有错误，等等。

收到的电邮、紧急案件、会议数量等，都比其他人更多的他们，每天都能持续实践正念，并不是因为这是非做不可的事，而是他们感受到这是有必要、有价值的时间。

深刻的觉察，可遇不可求

若是在日常生活的各种场合中都加入正念，每天都冥想的话，就能成为正念领导者了吗？我的答案是 Yes，也是 No。

累积正念的结果，会提高大脑的工作表现，锻炼自我认识与自我控制的能力；提高共鸣、有安定感，也能顺利与人建立关系。

只是，有件事我还没说清楚。那就是，确实他们都通过正念，为提高自我而努力，但又不被这个自我所影响。这或许是本书中，最困难的一件事。

为了自己而做的事，某一天会让自己改变对自我的看法，能成为这样的人，便是正念领导者。

相反地，也有为了实践正念，完全只追求与他人比较时的自我成长，花费时间，只为了让自己比他人处于更优势的地位。这样的人，明明想追求正念，但不知不觉间却离正念越来越远。

持续实践正念，能更清楚察知自己的内外在，便能比过去得到更深的觉察。这并不是指为了追求什么而冥想，或是经由什么修炼就能得到的东西。如果将追求觉察力当作正念的目的，这个力量反而会阻碍你抵达觉察这条路。

实际上，正念领导者常挂在嘴上的是，在享受正念时，得到的觉察只是一个结果。你会开始对生命本身感到尊敬与感谢；人、社会、环境本是深切相关的系统，互相影响，他们认为这样的觉察会很清楚地浮现，并且不会消失。

有很多正念领导者也像杰夫·威纳那样，将体恤当成最重要的价值，这也是觉察。

正念领导者的行动

- 每天有 30 分钟以上的时间，什么事都不做，或是抽出时间冥想
- 正念的时间不完全是冥想，重视在工作或吃饭中也要保持正念的状态
- 利用智能手机的铃声，每隔 1 小时就让意识回到当下、此处
- 每年一次利用休假，深入实践沉默冥想
- 定期进行数码解毒
- （追加）通过开玩笑、唱卡拉 OK 等方式，努力创造组织或团队的情绪缓和

找回人类原本的模样

如同到目前为止所说，正念领导者通过正念，带来深刻的洞察力与自我认识，觉察到自己诞生于这个世界的天命（愿景），并向它持续精进。

然而，就算再怎么说天命，在经济上如果无法打平，企业人士

便没有引进正念领导的意义。

如果你的天命是守护地球环境?

如果你的天命是给所有人均等的雇佣机会?

如果你的天命是对世界和平有所贡献?

这时,若企业与社会贡献不兼容,是要放弃天命、掩盖内心的想法,继续往生意迈进,还是放弃赚钱,带着贫穷的觉悟,专心慈善活动呢?

在第五章正念对话的实践中,我们也提过,正念领导者假设有保护地球环境这种非常大格局的愿景,仍应该要为了从中找到商机,同时达成实现愿景与生意而进行挑战。

即使保护地球环境与经济成长,乍看之下是很矛盾的主题,但不应该就此放弃。首先还是要当作个别概念,从各种不同的观点来创造收益机会。

大脑之所以能在这时候,激进又有创意地出现各种不同看法,已经有脑科学研究揭开了部分谜底。通过正念冥想,我们能提高前额叶维持矛盾概念的功能,掌握有创意的灵感,也能提升自我认识的能力。

说到控制重大矛盾,或是激进又有创意的观点,你或许会觉得这有什么了不起的,但这其实是人自然产生的想法。

世上的正念名人都很信赖的 Wisdom2.0 主导者——索连·歌德

哈马（Soren Gordhamer）[1]，对我说过：

"其实对我来说，并非企图想改革目前的企业。因为人性本善，人原本就拥有创造的能力或体恤、吸引人注意的能力。是因为组织的问题或竞争环境因素，使他们迷失、忘记了，也被网络或 3C 数字产品夺走了注意力。因此，唤起人类原本的善、创造的能力、体恤等，并找回来，就是我的活动主旨。"

听了这些话，我才发现所谓正念领导者，是看出眼前真正应该做的事情的人，而不是拼命找出美好愿景的人。

索连又说："结果，每个人的意识都高涨，加深对工作的参与感，从而得出成果，并逐渐得到周围人的认可。因此，我们把原来就有的性质、人的本质找回来吧。这就是我想做的。"

实际上，从保护地球环境这个目标出发，找出商机并且成功的，就有成衣业的 Patagonia。破坏地球环境的企业是不可能成功的。

---

[1] 曾任好莱坞明星李察吉尔的慈善基金会总监，成立 Wisdom2.0 的社会运动家。与硅谷的企业家及正念冥想权威有紧密交流。目前居住于加州。

从日本起步的正念领导者

英语圈的信息发送力很强，因此，正念或清醒的企业，都是从欧美发源的，这已经是固定形象。然而，日本有丰富的传统正念资源，并且在企业经营现场，也有体现正念的优秀领导者。以21世纪世界通用的经营模式来说，日本的优良企业成为欧美或亚洲MBA课程的个案研究之日，应该也不远了。

例如，以产品"寒天papa"闻名的伊奈食品工业（位于长野县伊那市）的冢越宽会长，就是日本引以为傲的正念领导者，他所在的公司也堪称正念公司。创业以来，已经30年以上持续增加收益，该公司并不以短期的急速成长为志向，而是配合自己的规模前进。

冢越宽会长以下的发言，大家会如何解读？

"我们公司非常重视进货商，也投入在地方建设上，其中的相关规范就有10条。这个精神是出自经营公司的同时，注意公共领域的重要性。意识公共领域，也就是客观看自己本身的行动。经营者或主管有公共意识，以宏观的眼光来行动，也能跟员工们保持有节制的交往。"（出自《不裁员的"年轮经营"》）

这里谈到的内容，与站在经营前端的清醒的企业概念完全吻合。

清醒的企业，是把整体社会看成一个很大的系统，企业是位于其中的次要系统。身为次要系统的企业，在过去会以自身的极大化、最适化为优先。而未来的思考方式，是次要系统（企业）通过将更大系统（社会）的最适化，来产生商机与价值。

已经介绍过数次的领英CEO杰夫·威纳，便是以这样的思考为基本，来推动清醒的企业。为什么这会成为成功的关键？下面这段话算是答案之一。

"在企业工作的个人，并不是为企业工作，而是为了在更上面的系统（社会），达成自己的志向，而利用企业这个平台。如果没有企业这个平台，便难以达成志向，因此个人与企业的联结关系也更深。

"在这里，企业从受到收益驱动的次要系统，变成受到志向驱动的次要系统，将每个人的工作意愿与相关联结最大化，最后甚至与企业成果息息相关。"

像这样，杰夫·威纳的正念，便与冢越宽会长意识公共领域的正念相通。对于比公司更高一层的系统发想出来的清醒企业，冢越宽会长简单以"利他"，说出以下这些话：

"以带给他人幸福的原点为准则行动，带着真心去实行，结果会使人成长。作为一个人，重视利他精神，每天持续努力就可以了。"

就像松下幸之助留下的"公司是公器"这句话，也被当作是一种象征。近江商人的"三方满意"精神（卖方满意、买方满意、社会满意）也有相通之处。

正念本身亦是如此，正念领导力在日本也有源流，这么想或许也没错。

于当下、此处创造压倒性的和平

激烈的竞争、令人头昏眼花不断更新的信息、各种因素交错的问题、复杂的人际关系，对于在这种环境中生存的商业人士来说，安稳的日子或许是种奢求。

世界上，每5个人就有1个人与危险毗邻而居。

假如你为了不踩到地雷，而踏着前一个人的足迹前进；对爆炸声有危机感，而不暴露在突然被暴徒袭击的危险当中。但真正的和平，才是真正的奢侈。

我希望阅读此书的各位，能通过正念实践，对自己的天命产生觉醒，从而构筑出压倒性的和平。

陈一鸣在美国很受欢迎的新闻节目《六十分钟》说："持续实践正念，就能自在地创造出和平。"他是谷歌这个全球企业的高层，与众多政治财经界的领导人有往来，并在这个主流电视节目中谈到冥想。以过去的常识来看，这或许是一种很激进的发言。在该节目中，谷歌副总裁凯伦·梅（Karen May）以及乔·卡巴金博士都登场了。

关于能自由创造和平的发言，在一篇报道中，陈一鸣有更进一步的详细说明。在"Quora"这个可以投稿、编辑 Q&A 的社群网站中，有"佛教对于人们的成功有帮助吗？还是只对保持平和的心情有帮助？"这样的问题。如此单刀直入的问题，正是对佛教与禅宗造诣颇深的陈一鸣可以回答的。

在那则报道中，陈一鸣基于自身体验，深入浅出地介绍了正念冥想，以及它带来的变化。

依据他个人的体验，冥想 50 ~ 100 小时，可以感受到内心的平稳与产生的某些变化。之后，累积 500 小时左右的冥想经验后，便能很自然地被温柔体贴、宽宏大量这种所谓善的事情吸引。而这并不仅限于他，许多实践者也有共同的体会。

甚至，在冥想 1000 小时后，人们终于到达平稳与喜悦的境界。而更重要的是，在这个阶段，成功变得不是那么重要了。因为无论在什么状况，你都可以自由地唤起和平。

"在这个时间点，自己与成功的关系已经转移到非常健康的方向。以往，自己是成功的奴隶；此时，自己与成功就是朋友。跟其他的朋友一样，可以在一起，也可以不在一起。不与所有朋友经常见面，也没有什么大碍。成功是个人的选择。"

冥想超过 2000 小时后，又会打开别的开关。"超过 2000 小时之后（至少对我来说），有别的开关出现了。几乎与冥想的进阶阶段一样，经验特征因人而异。有一个特征是开始察觉日常与非日常的'非二元性'。大家经常说'轮回（俗界之苦）'与'涅槃（无苦的状态）'是一样的。这些对不在此阶段的人来说，是令他们讨厌的混乱说法。"

"我的经验稍微有点不同。虽经历顽固的痛苦阶段，但有岩石般坚固的内在平和与喜悦在下方作为根基。这个经验也使每天包含工作在内的事情，一切都开阔起来。很明显的，这经验使自己与成功的关系更加复杂，在 Quora 的报道中，实在无法简单说明。进一步把话说得复杂一点，便是无我（non-self）的发现，这是一个很大的题目。"

于是，我们得到以下结论：

"更美好的是，比起终于到来的成功，再往前，会有更甜美的果实。所以我希望你们去实践。"要如何解读这句话，当然是各位的自由。

正念给人带来的影响，还没完全解开。但正念从与旧时宗教的传统或嬉皮运动不同的脉络里，向压倒性的和平跨出一步。

即使那仍是摇摇晃晃、不够稳固的步伐，我们都想对所有愿意踏出这一步的人，带着尊敬的心，称呼他们一声"正念领导者"。

后记

我是谁？我想在世上留下什么？

荻野淳也

约 10 年前，我以某创投企业的经营企划部负责人身份，负责了 IPO（股票公开上市）。股票上市后，我参加了公司内外的许多计划，过着几乎没有任何休假、每天工作 16 ~ 20 小时、搭最后一班公交车或出租车回家、早上再搭第一班公交车上班的日子。

作为一个创投企业的领导者，工作勤快是很好，但由于个人能力不足，又一手接下其他员工无法承担的业务，我几乎是耗尽力气在工作。心灵与身体都在哭喊，头脑更是几近错乱。

就在这个时期，我接受了朋友的邀请，没有想太多便参加了以女性为中心的瑜伽教室。课程的最后 20 分钟是冥想，那是我人生第一次冥想。那次的体验，给我很强烈的冲击。头脑与心灵都经历了从未体验过的清明，身体的感觉也变得很干净，身心仿佛都得到重生。

现在回想起来，那就是正念的状态。在享受这个震撼的同时，我才理解到，自己平常包括睡眠时间在内，头脑与心灵都陷入了思考或情感的旋涡，阻碍自己清楚地做决策与行动。

于是我确信，正念冥想才是忙于工作的商业人士必备的方法，它不只能提高工作成果，也能为人生带来幸福。在那次体验的数个月后，我跳槽到经营那家瑜伽教室的公司。

不久后，我认识了志同道合的木和吉田，开始从事教导商业人士正念的活动。

时代正面临重大的转换期，在人们的价值观大幅变化之中，过去的企业经营、组织创造、领导力、人才养成等手法，已经不堪使用。然而，在我们迎接组织或人的改变时，内心一定会对未来的变化产生恐惧，或对过去感到执着。

是否对这件事有深刻觉察，将决定组织是否存续，决定组织中工作的员工是否能有长远发展，并且也会改变领导者的人生。正因如此，我们为了更好的未来，必须实践正念，学习正念。

最后，我想再次强调的是，正念是任何人都可以学会的技术，正因为是技术，更需要每天实践。本书若能在你的人生中种下正念的种子，带来萌芽的契机，那便是我最大的荣幸。

朝着自己、企业、社会都能相互达到最佳化的任务前进

木藏シャフェ君子

要写这本书时，我最先想到的是如何把过去自己想知道、想阅读的内容，深入浅出地集合为一册。

如何活得有价值，并带着幸福感在工作上成功，并带给社会一点好处，是我从以前就很想做的事。且这个问题并非纸上谈兵，有实例与科学作后盾，也能让大家知道实践的方法——我一直很想拥有这样的书，因此便以想做出这种书的想法，奋笔疾书。

我经过许多尝试，到 2009 年，才在加州认识了正念。

在那之前，我用的是立定目标，朝着目标伸展自我（带着负荷），并达成这种务实主义的方法。将目前当作 A 点，目标当作 B 点，再绞尽智慧与体力，努力向 B 点前进。

在贫穷但有丰富的爱的单亲家庭长大，我自费留学取得 MBA

学位，成为外企的女性主管。后来又到美国创业，不断追着 B 点到现在。

然而，这个方法有很大的缺陷。太过于专注于未来的 B 点，让我变得不能乐在当下。结果，生产性反而下降，身心状况不佳，甚至得了关节疾病，必须拄着拐杖生活。

直到 6 年前，在朋友的建议下，我参加了正念冥想的训练。

久违的，在自己的选择下，好好停下脚步、品味当下，感觉加州的自然美景，都通过五感渗透进身体。并且，以一个商业人士来说，我感觉自己充满前所未有的资源与能量。

再加上，在硅谷成功牵引着正念的领导者们，SIYLI 的马克·雷萨、谷歌的陈一鸣、Wisdom2.0 的创立者索连·歌德哈马等人，都很诚恳地与我交流，于是我决定一定要找出最适合日本的方式来传播正念。

使自我、企业、社会达到最佳化的答案，我也还没找到。但是，唯有正念，才是我在日美企业、医疗、NPO 的最前线得到的最棒潜能理论与实践法。

拿起本书来阅读的各位，容我致上最深的谢意。希望这能成为你们当下，暂停脚步的契机。

想当什么样的人？ 想留下什么？

吉田典生

我在 27 岁时认识了冥想，那是被称为 TM 冥想（超觉静坐），很普及的冥想。之后，我有机会学习许多冥想的方法，于是增加了更多可以灵活运用的经验。

对交往不深的人，若是谈到冥想的话题，有好几次，对方总是用意外的表情看着我。因为我总是以理论来思考人才培育与组织创造，用严肃的态度推动工作表现，所以常被认为和冥想的距离很遥远。

但其中有我最重视，却无法用理论来说明的两个问题。那就是自己是什么样的人，以及想在人世间留下什么。

现在的世界充斥着信息，情报也越来越容易取得。因此，只要学会基本的运用能力，搜集必要的信息都比过去容易得太多。找到适合自己的生活模式，已经不是那么困难。谷歌实现的信息取得之便，使整个世界都更便利，但也可能有相反的一面。

　　然而，比起自问想留下什么，想象自己离开这个世界后的事来说，描绘想达成的事，让后世的人能谈论 21 世纪的数字时代，应该要来得更有意义。

　　其实，约在 10 年前，我已经在思考这样的事。作为一个辅导员、咨询人员，我很勉强地去思考如何传达这些，为此又该如何让自己呈现出真实的自我，我一直在做各种尝试。然而，某次我突然停下脚步，看见在身旁，或是很遥远的地方，在世界各个角落，同样怀有痛苦与热情、不放弃人性的美好人们，以及那些对所有活在这世上的人，毫不犹豫怀有慈悲心的组织。这本书之所以能够呈现给大家，也是因为那些无数的机缘所赐。

　　那些一直希望我们赶快出书，并支持我们的企业领导者、SIY、每个月例行参加研习会的各位、总是支持着 MiLI 活动的伙伴们，我对每一个人都由衷感谢。此外，我也感谢一直支持着很任性的我与荻野、木藏的工作伙伴藤田由加利。

　　最后，本书的负责编辑，100％投入心力的柏原美里小姐，在紧密的行程中，强力支持我们的撰写人田中幸宏先生，托他们的福，我们才能走到这里。真的非常感谢。